Poèmes
sur le temps qui passe

MICHEL ALLARD

POÈMES SUR LE TEMPS QUI PASSE

ANTHOLOGIE

COLLECTION « ESPACES »

le cherche midi éditeur
23, rue du Cherche-Midi 75006 Paris

à mon père
qui n'a pas su vieillir
... et qui en est mort encore jeune,
à Nadia Nilus
qui a su trop bien vieillir
... et qui en est devenue centenaire.

INTRODUCTION

POURQUOI UN RECUEIL POÉTIQUE SUR LE TEMPS QUI PASSE ?

Au fil de l'âge,
toutes les heures blessent et la dernière tue.

Vieillir est une expérience quotidienne et sournoise, souvent très précoce, où l'Homme accumule petit à petit les dettes au **dieu** *Chronos, lequel envoie les factures à l'improviste, de* **temps** *à autre, sans qu'on les réclame. Un matin, tout commence par une ridule ridicule que l'on découvre face à la glace, un cheveu chenu qu'un(e) ami(e) bien attentionné(e) décèle et qui est l'avant-garde de beaucoup d'autres, une articulation subitement coincée et douloureuse, la vue qui baisse subrepticement et tout un lent cortège de variations. Au fil des années, les manifestations et les évidences de cet ordre deviennent de plus en plus nombreuses et irrécusables. Sur ce fond d'évolution permanente et progressive, il y a quelques à-coups : des coups de vieux et des coups du sort, certes, mais aussi quelques coups de fouet et autres retours de flamme.*

Dans ce vaste fatras qu'on appelle le « vieillissement », dans le passage du temps et de l'âge au fil d'une vie humaine, il est possible d'isoler trois éléments différents, trois idées distinctes, même si, d'ordinaire, elles s'entremêlent de façon très intime :

les vieux, le vieillir et la vieillesse.

Il y a d'abord les autres, nos congénères âgés, les « vieux », les plus vieux que soi, ceux que l'on regarde, presqu'étranger à leur expérience, à leur vécu, mais chacun sait, sans trop se l'avouer, qu'un jour ce sera son tour d'avancer d'un cran de plus dans son propre devenir. Que représente cette perspective : une crainte ? un espoir ? un défi ? un objectif ?... au choix de chacun mais l'honnête homme redoute et, à la fois, espère vieillir. L'alternative n'a que deux termes, l'autre étant de mourir. Heureusement, il y a toujours, à tout stade, plus vieux que soi, lequel représente la vivante figure de notre avenir, de notre futur (sauf pour le doyen – ou la doyenne, en fait – de l'humanité qui n'a plus aucune référence).

Puis, après, il y a soi, ses propres états d'âme sur les changements de son être, d'année en année, de décennie en décennie, lorsque l'on se regarde, parfois ou enfin, dans le miroir du temps, sa réflexion ; les changements que l'on observe dans son propre corps, dans son esprit, dans ses élans et dans ses aspirations : on vieillit sans cesse. Même si tous vos contemporains ont vieilli plus vite que vous, un jour il faut se rendre à l'évidence : les modifications sont manifestes et personne n'échappe au temps, vous êtes vous aussi concerné, impliqué dans cette « sale affaire ».

Plus tard encore, il y a l'état de vieillesse, le grand âge, qui est accepté, perçu, assumé différemment selon les personnes ou selon les moments : avec souplesse, avec humour, avec révolte, avec résignation. Quand vous aurez accumulé les saisons et les ans, devenu nonagénaire ou même centenaire, vous trônerez alors, fièrement ou piteusement mais presque sûrement seul, au sommet de la pyramide des âges : plus personne au-dessus de vous, plus personne de plus vieux que vous. Même jeune d'esprit et de cœur, votre corps sera vieux et faible mais est-il encore possible d'être alors heureux ? Je le crois.

Les sentiments sont chose difficile à partager et ceux qui ont trait à cette triple expérience de l'âge sont à la fois les plus communs et les plus solitaires. « De toutes les réalités, la vieillesse est peut-être celle dont nous gardons le plus long-

temps dans la vie une notion purement abstraite », a souligné Marcel Proust qui a toujours eu cette préoccupation de la valeur du temps. Parmi les nombreux concepts que nous élaborons, le vieillissement est celui dont l'accès reste très délicat, par son essence même puisqu'il procède de l'idée de changement, d'évolution, de maturation de la personne. De tous les phénomènes dont l'homme fait peu à peu l'expérience au cours de sa vie, c'est l'événement (ou la succession d'événements) le plus difficile à appréhender, à percevoir. Ceci est d'autant plus marqué que nous refusons de nous voir, de nous projeter dans le vieillard que nous serons. D'autres écrivains comme Michel de Montaigne, madame de Sévigné, Colette s'y sont aussi essayés. Au cours de ces dernières décennies, la durée moyenne de la vie humaine a fait un bond fantastique en avant et ce gain s'est opéré aux âges avancés et non plus dans le domaine de la petite enfance. Ce phénomène devrait se poursuivre et s'étendre, touchant des âges de plus en plus élevés et un nombre de personnes sans cesse grandissant, n'en déplaise à quelques Cassandre ; c'est une des modifications majeures dans l'histoire de l'humanité. De ce fait, les Occidentaux de la fin du XXᵉ siècle sont appelés, pour la plupart d'entre eux, à vivre vieux, très vieux, parfois à leur corps défendant ou à contrecœur, et il leur est désormais difficile de faire l'économie de cette démarche (sauf à mettre prématurément fin à leurs propres jours). Il convient raisonnablement d'envisager qu'il faudra bien vieillir et si possible, vieillir bien. Tous les enfants de la vague démographique d'après-guerre, nés entre 1946 et 1964, qui sont majoritaires (car les générations suivantes sont déficitaires en nombre), vont désormais aborder la cinquantaine et il leur faut maintenant apprendre à vieillir : le baby-boum va se transformer en papy-boum (ou plus encore, en mamy-boum) tout en continuant à aller applaudir « Johnny ». Bref, comment vieillit-on ? Voilà qui est difficile à prévenir, presque autant à prévoir et donc spécialement digne de curiosité. Face à cette expérience très délicate à anticiper, la littérature, l'expression à l'aide d'un texte, peut nous aider à entrevoir les impressions de l'avancée en âge ressenti par son auteur, à les percevoir, à les ressentir ; celui qui écrit cherche de la sorte à formuler son vécu, son ressenti ou ses appréhensions et à partager son point de vue en laissant son témoignage par des signes.

Plus que les textes en prose (qui, certes, ne sont pas à rejeter), les poèmes ont une autre portée, un autre pouvoir pour ouvrir les portes sur le jardin du temps qui passe. La poésie est ce mode de communication plus élaboré que la parole ordinaire, la prose, car elle allie l'émotion et la raison emmêlant les mots avec les sons et les rythmes. Les savants racontent que le cerveau de chaque homme est divisé en deux moitiés, l'un étant plus orienté vers la raison, la rationalité, le calcul et l'autre vers l'art, l'intuition, les sentiments... La poésie est une démarche qui permet de réunir dans une même activité ces deux moitiés pour ne faire plus qu'une unité. Imaginons que le texte, l'agencement des mots et la construction des phrases (tout ce qui en fait le sens dans un premier temps) en appellent chez les droitiers au cerveau gauche alors que la musicalité du poème, les sons et les rimes qui composent le rythme et les séquences (dont les couleurs créeront les sentiments, le climat affectif) en réfèrent au cerveau droit. Lorsque, sans même l'analyser de la sorte, le lecteur est sensible à ce curieux mélange, lorsqu'il perçoit cette alchimie étrange, il fait fonctionner ses deux hémicerveaux de manière synchrone, la magie s'opère et il est transporté dans un état émotionnel différent, une sensibilité plus subtile comme sous l'effet d'un charme mystérieux. Ce processus vient de la sorte renforcer les idées que le texte seul se contente d'énoncer. Parfois l'évocation ou l'idée est émise puis perçue sans avoir recours au sens premier des mots dont la signification n'est même plus requise et nous éprouvons ou percevons alors des raccourcis étonnants. Le temps y joue un grand rôle comme dans le chant (c'est d'ailleurs pourquoi je n'ai pas hésité à choisir ici les paroles de quelques chansons). C'est dire quel vecteur privilégié, quel instrument d'exception représente la poésie lorsque nous voulons transmettre une nuance fragile, un état d'esprit, qui sinon échapperait en partie à la simple raison. Voilà bien pourquoi nombreux sont les auteurs qui ont choisi ce type d'expression pour des concepts comme l'amour, la peine, la joie, la sympathie et tant d'autres. Dans ce lot nous trouverons aussi le temps qui passe et, au bout du compte, la vieillesse. La poésie est donc cet exercice subtil qui nous amène à concilier la raison et la passion. Elle permet de la sorte de partager, de mieux percevoir ou ressentir une connaissance volatile et filante, une expérience plus abstraite comme le sujet qui nous occupe : les effets de l'âge et la caresse du temps sur l'esprit et sur le cœur de l'homme dans sa continuité et dans sa rémanence.

Colliger les textes sur le vieillissement m'est une pratique fort ancienne qui, peu à peu, prit la forme d'un projet plus déterminé pour finalement aboutir à un recueil proche d'une véritable anthologie poétique sur l'âge : depuis plusieurs années, lors de mes lectures, je prenais soin de noter tous les extraits, les textes ou les pièces ayant trait à ce sujet, je réalisais une sorte de collection. Un passage du livre de Simone de Beauvoir, La Vieillesse, *où elle aborde la place du vieux dans la littérature, française ou étrangère, m'avait conforté dans cette démarche. Très vite les habitués du genre qui survivent dans le fonds de culture littéraire d'un « Français moyen » (mon chauvinisme inconditionnel me porterait à dire qu'un Français ne peut pas être moyen) furent identifiés : tous les grands classiques de la Renaissance, les écrivains de la Pléiade (Ronsard et Du Bellay en tête), le grand Corneille que le sujet travailla au corps (et vice versa), l'inévitable Victor Hugo avec, entre autres, son « Art d'être grand-père », ceux que le sujet intrigua dès le début de leur carrière comme Baudelaire, quelques contemporains comme Aragon ou Marie Noël qui consacra plusieurs recueils entiers à cet aspect de la vie. Quand naquit l'idée de rendre publique cette collection personnelle en la transformant en un livre, je crus d'abord, pour ma part, le sujet éculé et rebattu ; je pensais qu'il s'agissait là d'un grand poncif des explorateurs de la littérature française au même titre que l'amour, la vie, la mort... sujets sur lesquels il existe de nombreuses compilations (dans lesquelles on retrouve très souvent quelques grands classiques sur le vieillissement). Le nombre d'anthologies sur la poésie amoureuse ou érotique doit avoisiner la dizaine ; il est vrai, le sujet est plus stimulant. A ma surprise, je n'ai pas trouvé d'anthologie consacrée au vieillissement, et là, tout reste à faire. La chose est paradoxale car le vieillissement est néanmoins un thème cher à la plupart des écrivains et des poètes ; et pour cause, il est vrillé à la condition humaine, chevillé au cœur de l'homme. A force de pratique, ma fréquentation de la littérature française est devenue nettement orientée, systématiquement tournée même, vers une analyse de la position de chaque auteur vis-à-vis de l'âge. A titre d'exemple, si vous lisez le premier recueil de Saint-John Perse,* Éloges, *publié en 1911 (il n'a que 24 ans), vous constaterez qu'il est déjà empreint de multiples références à la vieillesse, discrètes et indirectes comme l'emploi fréquent de l'adjectif « vieux ». Ce n'est qu'en 1960, septuagénaire, qu'il publia la série : « Grand âge, vous voici ». Quand on parcourt de la sorte la littérature française, on retrouve des tonalités très variables selon les auteurs, selon la période de leur vie, selon les époques auxquelles ils ont vécu. On y verra que la jeunesse n'est pas systématiquement le contretype de la vieillesse. Le poids du temps est vécu de façons très diverses, ce qui fait la richesse des témoignages littéraires recueillis. Le vieillissement n'est donc pas pour autant l'apanage des écrivains âgés.*

Initialement, c'est plus de mille textes qui se trouvèrent rassemblés mais j'ai vite évincé de ce choix tous ceux dont le sujet principal, la charpente ou l'axe directeur portait sur la maladie, sur la mort (celle des autres, le deuil, ou la sienne propre) et sur le « grand après », l'interrogation métaphysique – sans y parvenir totalement car l'écheveau est parfois inextricable. C'est là trois expériences qui peuvent se présenter à tout moment au cours d'une existence humaine, à tout âge, même si, avec l'allongement actuel rapide de la durée de vie de nos contemporains, ces situations sont de plus en plus fréquemment liées ou associées à la vieillesse. Les poèmes romantiques qui portent sur le spleen, la mélancolie, sans évoquer de manière précise la vieillesse, furent également laissés de côté. Néanmoins, à l'occasion, l'on retrouvera ces quatre motifs (maladie, mort, au-delà et spleen) s'ils sont associés à l'idée de vieillissement.

*Au-delà de cette première sélection, quels étaient les textes à retenir pour cette anthologie ? La tentation était grande de n'inclure ici, par complaisance envers les personnes âgées et par respect pour le grand âge, que les œuvres « positives », celles qui portent un regard bienveillant sur les vieux ou sur l'âge. De la sorte ce recueil se serait intitulé « Les plus beaux vers » ou « Les plus beaux poèmes sur la vieillesse »... Il n'en est pas ainsi. Tous les textes ne sont pas gais ou optimistes ; toutes les vieillesses non plus, pas plus que ne le sont tous les moments du vieillir ! Vieillir n'est pas drôle tous les jours et ce n'est pas parce que le fleuve est long qu'il est tranquille ! Aucun texte n'a été récusé pour vice d'intention, comme trop dur, trop amer ou à l'inverse trop doucereux, trop précieux. Quelques points de vue désabusés, désespérés figurent donc dans ces pages ; ce ne sont pas des textes pour vous donner le moral. Figurent également des pièces cruelles ou partisanes qui parfois sont clairement désobligeantes pour les personnes âgées. Ceux qui détestent les vieux s'y expriment ouvertement, faisant preuve d'*âgisme *(l'âgisme est aux âges ce que le racisme est aux races ou le sexisme aux sexes) : tous ne figurent pas ici mais je ne les ai pas systématiquement censurés. J'ai d'ailleurs souvent remarqué que mes amis centenaires s'insurgeaient lorsque je donnais une image trop béate et trop lénifiante du grand âge et je suis sûr que, certains jours, ils se complairont davantage dans les textes noirs que dans les roses. Pourtant, il existe bon nombre de passages réconfortants pour aborder son propre devenir, quel que soit l'âge que l'on porte. Voilà aussi qui permet de voir nos anciens sous un jour meilleur.*

Je n'ai pas récusé tous les textes connus (ou supposés tels), « les grands classiques » comme le poème de Rosemonde Gérard, certaines poésies de Ronsard, les stances de Corneille, celles de Voltaire, les fables de La Fontaine ou d'autres encore, ceux que l'on retrouve souvent dans les anthologies générales de la poésie française ou dans les livres d'école. Leur valeur intrinsèque a été largement reconnue et cautionnée par ces multiples sélections. Parfois, bien que de qualité inégale, j'ai mis en regard de ces textes connus (« Booz endormi », « Quand vous serez bien vieille... » par exemple) des poèmes pastiches : il est amusant de voir l'écho, le contrepied, la réponse que nos astucieux contemporains ont donné à ces morceaux célèbres. Il a fallu aussi limiter les auteurs trop prolixes sur le sujet (Ronsard ou Hugo) faute de pouvoir leur consacrer en exclusivité un volume tout entier. Pour le reste, ce n'est plus qu'une question de goût personnel avec un souci de diversité et la volonté d'une anthologie généreuse qui ont prévalu. J'ai également donné des dates (car il est intéressant, vu le sujet même de ce recueil, de savoir à quel âge un auteur a composé un texte).

Le choix de l'ordonnancement des textes retenus fut un point délicat : le recours à la facilité eut été de retenir l'ordre alphabétique ou chronologique, ce qui est habituellement l'usage dans les anthologies ; ces classifications figurent à la fin du recueil pour retrouver facilement un texte. Il aurait aussi été possible de classer les poèmes par leur taille (ce qui est le cas des sourates du Coran*) en fonction du nombre de vers de chacun ou encore selon le nombre de pieds des vers. Mieux encore, il était loisible de les ranger par genres poétiques ou encore par types de versification. J'aurais pu aussi mettre d'un côté les textes gais et, de l'autre, les tristes. Il était encore plus simple de ne choisir aucun classement, laissant le hasard opérer seul. Car un recueil de poèmes n'a pas besoin d'un ordre et le lecteur peut lui aussi s'en remettre au hasard et ouvrir le livre où bon lui semble. Pour ma part, j'ai préféré regrouper les textes par thèmes, même si parfois un certain arbitraire conduit, face à des choix multiples, à leur attribuer une place variable ou contestable. Il en résulte une palette aux tonalités aussi étendues que celles de l'arc-en-ciel (qui ne possède ni le noir ni le blanc) avec un brassage chronologique radical et une grande alternance de styles. Une segmentation selon les trois grands aspects du vieillissement, qui sont évo-*

qués au début de cette introduction, était tout aussi possible.

Finalement une dizaine de grands thèmes se sont peu à peu dégagés bien que parfois les ensembles proposés se chevauchent ou s'entrelacent. Cette classification a déterminé des groupes de volumes fort inégaux. Parfois un texte s'articule et s'enchaîne avec le suivant sur une idée, une évocation ou un mot communs à l'un et à l'autre comme les perles d'un collier mais cet exercice n'est pas toujours possible. Les thèmes retenus ne sont pas tous comparables, ou à mettre sur le même plan : certains concernent un aspect expérimental, intime, voire vécu du vieillissement (l'amour, la fidélité, les malheurs de l'âge), d'autres concernent d'abord un point de vue sociologique (les vieux, la guerre des âges, dont le personnage le plus fréquent est la « petite vieille »), d'autres encore se rapportent davantage à un domaine de métaphores ou d'évocations élargies (comme les animaux, la nature, les saisons) ; le thème favori est bien celui de l'automne ou de l'hiver. Les poètes de la Renaissance, à grand renfort de neige et d'aubépine (étymologiquement, les épines blanches, tout un programme !) ont influencé tous leurs successeurs pour plusieurs siècles. Le plus souvent, le classement d'un poème s'est fait d'après sa coloration générale.

La taille des différentes pièces qui constituent ce recueil est très variable et les textes longs côtoient les textes courts. Je n'ai pas hésité à garder des pièces étonnamment généreuses, parfois riches de plusieurs pages. Elles ont été conçues de la sorte par leurs auteurs et même si certains passages sont, à l'évidence, meilleurs que d'autres, leur lecture intégrale possède l'avantage de mettre ces derniers en relief, de les situer en perspective et de donner du souffle à l'ensemble. Ces longues tirades ressemblent alors à la course d'un marathonien avec un rythme qui s'établit, une ivresse qui s'installe et des passages laborieux. A l'inverse, il existe quelques pièces très courtes, rapides, lapidaires et laconiques, ou des fragments de morceaux trop longs.

Les poèmes retenus et présentés ici sont, pour la majorité, en vers et il y a très peu de textes en prose poétique ; c'est un parti pris. J'ai spontanément privilégié une poésie simple, directe, musicale, à tendance lyrique. Ce sont tous des textes français (sauf ceux de Rabindranath Tagore qui ont l'excuse d'avoir été traduits dans notre langue par André Gide). Je suis parti en chasse du côté des auteurs francophones, belges, canadiens, suisses, haïtiens... mais suis revenu parfois bredouille. Il est tout aussi certain que quelques beaux textes français connus des amateurs ont échappé à mes filets. Certaines pièces (en particulier celles tirées du théâtre) ne sont pas à proprement parler poétiques mais elles sont en vers rimés et la versification, qui les fait chanter, leur a donné le droit de cité dans ce recueil. Pour les poèmes écrits en vieux français, j'ai fait le choix d'une adaptation en français contemporain en modernisant tous les mots chaque fois que c'était possible : la langue doit rester souple et le texte doit couler, fluide dans l'esprit car si l'œil achoppe trop souvent sur un mot, le rythme est vite perdu et la ligne prosodique devient impraticable. La construction et la tournure des phrases en rendent néanmoins la lecture parfois délicate. Pour les poèmes dont l'auteur n'a pas porté de titre, j'ai retenu, dans les classements et index, les premiers mots comme il est de coutume de le faire.

Enfin, pourquoi, lorsque l'on n'a pas encore la moitié de l'âge d'un centenaire, s'intéresser (déjà) au vieillissement ? Le médecin que je suis y trouve un grand réconfort : de même que la musique adoucit les mœurs, dit-on, la poésie rend les blessures de l'âge plus supportables ou nous fait voir les choses différemment. Pour moi, dans bien des cas, le recours à la poésie est un secours aussi précieux que la prescription d'un médicament (l'idéal étant l'association des deux !). Mais l'essentiel de la réponse à la question posée ci-dessus réside ailleurs : c'est en raison de cette appréhension et de cette curiosité qui concernent ce phénomène difficile à anticiper, le vieillissement, dont il est question au début de cette introduction. Paradoxalement, c'est un texte en prose (et non en vers !) de Baudelaire, « Les fenêtres », qui, pour moi, résume au mieux l'esprit et la raison cette anthologie : « Celui qui regarde du dehors, à travers une fenêtre ouverte, ne voit jamais autant de choses que celui qui regarde une fenêtre fermée. Il n'est pas d'objet plus profond, plus mystérieux, plus fécond, plus ténébreux, plus éblouissant qu'une fenêtre éclairée d'une chandelle. Ce qu'on peut voir au soleil est toujours moins intéressant que ce qui se passe derrière une vitre. Dans ce trou noir ou lumineux vit la vie, rêve la vie, souffre la vie.

Par-delà des vagues de toits, j'aperçois une femme mûre, ridée déjà, pauvre, toujours penchée sur quelque chose, et qui ne sort jamais. Avec son visage, avec son vêtement, avec son geste, avec presque rien, j'ai refait l'histoire de cette femme, ou plutôt sa légende, et quelquefois je me la raconte à moi-même en pleurant.

Si c'eut été un pauvre vieux homme, j'aurais refait la sienne tout aussi aisément.

Et je me couche, fier d'avoir vécu et souffert dans d'autres que moi-même.

Peut-être me direz-vous : « Es-tu sûr que cette légende soit **la** *vraie ? » Qu'importe ce que peut être la réalité placée hors de moi, si elle m'a aidé à vivre, à sentir que je suis et ce que je suis ?*[1] *».*

M. A.

1. Extrait des *Petits Poèmes en prose*, 1869.

I

À LA MUSE

Juste retour des choses que de commencer une anthologie par un hommage à la Muse ! C'est elle qui accompagne le poète vieillissant. Il est plaisant et touchant de voir comment celui-ci imagine sa Muse prenant des rides avec lui, vieille amante, vieille compagne. C'est elle qui guide son regard sur le temps qui passe et qui l'inspire sur le grand âge.

Que peuvent les mots de la langue face aux maux de la vieillesse ? « Les vers seront aussi l'appui de ma vieillesse ». Et s'ils n'ont plus la fureur de la jeunesse, « l'emploi de la vieillesse est plus sage et plus beau ».

Pourtant un jour les livres aussi jauniront, les écrits se flétriront.

ALAIN BOSQUET

Né en 1919

TOI, QU'AS-TU FAIT...

– Toi, qu'as-tu fait de ton enfance ?
– Des mots volants, des mots voleurs.
– Toi, qu'as-tu fait de ta jeunesse ?
– Des mots d'espoir que l'on a démentis.
– Toi, qu'as-tu fait de ton bel âge ?
– Des mots pour dire :
« Suis-je quelqu'un ? Suis-je vivant ? »
– Toi, qu'as-tu fait de ta vieillesse ?
– Des mots très lourds, que je ne comprend plus.
– Toi, qu'as-tu fait de cette mort ?
– Des mots qui souillent le silence.

(*Bourreaux et acrobates*, 1989)

JOACHIM DU BELLAY

1522-1560

MAINTENANT, JE PARDONNE...

Maintenant je pardonne à la douce fureur
Qui m'a fait consumer le meilleur de mon âge,
Sans tirer autre fruit de mon ingrat ouvrage
Que le vain passe-temps d'une si longue erreur.

Maintenant je pardonne à ce plaisant labeur,
Puisque seul il endort le souci qui m'outrage,
Et puisque seul il fait qu'au milieu de l'orage,
Ainsi qu'auparavant, je ne tremble de peur.

Si les vers ont été l'abus de ma jeunesse,
Les vers seront aussi l'appui de ma vieillesse,
S'ils furent ma folie, ils seront ma raison,

S'ils furent ma blessure, ils seront mon Achille,
S'ils furent mon venin, le scorpion utile
Qui sera de mon mal la seule guérison.

(*Les Regrets,* 13, 1558)

HENRI THOMAS

1912-1993

PASSONS AUX CHOSES SÉRIEUSES

Calme soirée,
J'ai soixante ans
Et mes entrées
Chez l'habitant.

Un logis
A l'étranger
Pour ranger
Ce que j'écris.

Ce que j'écris ?
Quelques poèmes
Ayant pour thèmes
Ce que je vis.

Pur alibi.

(*Joueur surpris*, 1982)

ANDRÉ CHÉNIER

1762-1794

L'EMPLOI DE LA VIEILLESSE...

L'emploi de la vieillesse est plus sage et plus beau ;
Mais on rit qu'une muse, hélas ! près du tombeau,
Ceignant son front glacé de guirlandes fanées,
Sous le rouge et le fard déguisant ses années,
D'une tremblante voix chante encor le printemps.
On rit quand, opprimé sous le fardeau des ans,
Vieux amant, vieux chanteur, un poète ose peindre
Des douceurs qu'il n'a plus et qu'il ne peut que feindre,
Et d'une voix fardée et d'un vers doucereux
Nous conte en cheveux blancs ses exploits amoureux.
Un vieillard n'aime plus. Il n'est, dans sa tendresse,
Ni pressant, ni timide avec délicatesse ;
La douce émotion n'agite plus son cœur,
Et son baiser rebute et n'a point de fraîcheur.
La troupe aux yeux charmants des trois sœurs ingénues
Qu'un même nœud retient dansantes, demi-nues,
Fuit un triste vieillard qui n'a pas de regrets,
Et qui veut à la rose unir ses noirs cyprès.
Elles aiment à voir deux âmes enfantines
Se conter tour à tour leurs caresses divines,
Deux visages brillants de jeunesse et d'amour
Se presser l'un sur l'autre à la fuite du jour ;
Deux jeunes seins se joindre et palpiter ensemble ;
Deux bouches de vingt ans, qu'un même feu rassemble,
Mêler leur douce haleine et leurs cris langoureux,
Leurs baisers dévorants, humides, savoureux.

(Poésies)

PIERRE DE RONSARD

1524-1585

AVANT LE TEMPS TES TEMPES FLEURIRONT

« Avant le temps tes tempes fleuriront,
De peu de jours ta fin sera bornée,
Avant ton soir se clora ta journée,
Trahis d'espoir tes pensers périront.

Sans me fléchir tes écrits flétriront,
En ton désastre ira ma destinée,
Pour abuser les poëtes je suis née,
De tes soupirs tes neveux se riront ;

Tu seras fait du vulgaire la fable,
Tu bâtiras sur l'incertain du sable,
Et vainement tu peindras dans les cieux. »

Ainsi disait la nymphe qui m'affole,
Lorsque le ciel, témoin de sa parole,
D'un dextre éclair fut présage à mes yeux.

(*Les Amours,* Sonnet XIX, 1552)

JEAN DE LA FONTAINE

1621-1695

DISCOURS À MADAME DE LA SABLIÈRE

Désormais que ma Muse, aussi bien que mes jours,
Touche de son déclin l'inévitable cours,
Et que de ma raison le flambeau va s'éteindre,
Irai-je en consumer les restes à me plaindre,
Et, prodigue d'un temps par la Parque attendu,
Le perdre à regretter celui que j'ai perdu ?
Si le Ciel me réserve encor quelque étincelle
Du feu dont je brillais en ma saison nouvelle,
Je la dois employer, suffisamment instruit
Que le plus beau couchant est voisin de la nuit.
Le temps marche toujours ; ni force, ni prière,
Sacrifices ni vœux, n'allongent la carrière :
Il faudrait ménager ce qu'on va nous ravir.
Mais qui vois-je que vous sagement s'en servir ?
Si quelques-uns l'ont fait, je ne suis pas du nombre ;
Des solides plaisirs je n'ai suivi que l'ombre :
J'ai toujours abusé du plus cher de nos biens ;
Les pensers amusants, les vagues entretiens,
Vains enfants du loisir, délices chimériques ;
Les romans, et le jeu, peste des républiques,
Par qui sont dévoyés les esprits les plus droits,
Ridicule fureur qui se moque des lois ;
Cent autres passions, des sages condamnées,
Ont pris comme à l'envi la fleur de mes années.

(*Épître*, XVII)

JEAN-FRANÇOIS DE LA HARPE

1739-1803

LES REGRETS

(fragment)

Que m'importe que le temps fuie ?
Heures, dont je crains la lenteur,
Vous pouvez emporter ma vie,
Vous m'annoncez plus mon bonheur.

Je m'aperçois que, sans contrainte,
Mon cœur, pour tromper son ennui,
Se permet une longue plainte
Qui ne peut occuper que lui.

Mais qu'importe qu'on s'intéresse
Aux maux qu'on ne peut soulager ?
Je veux épancher ma tristesse
Et non la faire partager.

Que dis-je ? hélas ! je me repose
Sur ces désolants souvenirs.
Ce sentiment est quelque chose ;
C'est le dernier de mes plaisirs.

Un jour, quand la froide vieillesse
Viendra retrancher mes erreurs,
Peut-être que de la tendresse
Je regretterai les douceurs.

Alors, à cet âge où s'efface
L'illusion de nos beaux jours,
Je veux, dans ces vers que je trace,
Retrouver encor mes amours.

(*Œuvres*, 1778)

ANDRÉ SCHMITZ

Né en 1929

LE VIEUX BROYEUR DE MOTS

Le vieux broyeur de mots

et la boue qu'il a sur les paupières
et le nuage qui bouge un peu dans son regard
et le poème rapiécé qu'il serre dans une main
et la tête d'un chien qu'il cherche de l'autre
et la femme qui ne cesse de le mettre au monde
et la mort qui ne le quitte pas d'une semelle

et les mots broyés qui jaunissent entre ses dents

(*Les Prodiges ordinaires,* 1991)

BORIS VIAN

1920-1959

À MON LAPIN

Comme je suis très vieux, je sais bien des histoires,
Et j'en ai fait pour toi pas moins d'un petit cent.
Oh, ça n'est certes ni très fin ni très puissant
Ça m'a pas demandé des efforts méritoires.

Mais c'est un peu loufoque, un peu blasphématoire
Un peu gai quelquefois, un peu triste en passant
Ça garde un peu de forme, et va s'avachissant
S'il le faut – mais c'était un motif péremptoire.

Ne me reproche pas de me moquer de tout.
Je ne me moque pas. Je me complais surtout
À tripoter dans les coins noirs ma pauvre muse...

Elle braille souvent. Dame, je n'y vois pas,
Et je lui fais du mal à ses tendres appas...
Mais je m'en fiche un peu pourvu que ça t'amuse.

1939-1941
(Cent sonnets)

II

DAME NATURE

Dame Nature est notre grand réservoir d'allégories et de métaphores sur le vieillissement comme sur bien d'autres choses. Elle est notre perpétuel refuge et notre retour permanent à l'essentiel.

Ce sont les animaux qui, en tête, nous montrent le chemin.

Puis le climat et les saisons : l'automne, l'hiver, « la saison d'usage ». La neige, la froidure y sont en première ligne.

Bien que le mot anthologie signifie initialement « la science des fleurs » (une sorte de florilège de textes ou de poèmes), celles-ci occupent peu de place ici, si ce n'est l'aubépine (les épines blanches). Les arbres, en revanche, sont à l'honneur.

Et ce chapitre se termine par une sélection sur l'eau, la mer et les fleuves.

II

DAME NATURE

[illegible]

JEAN ANOUILH

1910-1987

LE LION VIEILLI

Un lion avait brigué et obtenu la place
De directeur de l'Opéra,
Pour pouvoir, à loisir, goûter la jeune grâce
Des petits rats.
C'était un grand seigneur et sa vie tout entière
Avait été vouée à servir son pays,
Élever ses enfants, faire de sa tanière
Un lieu digne d'eux et de lui.
Les enfants grands et la tanière de ses pères
Agrandie et embellie,
Comblé d'honneurs par tous, une mélancolie
Curieuse, un jour, s'empara de son cœur,
Lui fit mesurer sa misère.
Avec beaucoup de gloire, avec beaucoup d'honneur,
Avec beaucoup d'argent
Trouvé et dépensé facilement,
Avec la conscience fière
De son mérite et des services rendus,
Il se trouvait, à l'heure amère
Où chacun sait qu'il doit bientôt rendre son dû,
Curieusement démuni
De satisfaction intime.
Pas de remords : il avait fait des crimes
Mais des crimes de lion et quel lion n'en fait pas ?
D'ailleurs, c'était pour le service de l'État.
Et s'il s'était passé quelques faiblesses,
Cela avait toujours été avec noblesse,
Comme on jette un quartier de viande aux chiens.

Mais à se reprocher, en conscience : rien.
Tout faisait poids du bon côté de la balance.
Libre d'esprit, la morale et l'honnêteté
Ne l'avaient jamais tourmenté –
Il s'y était pourtant tenu, par élégance.
Mais, vieux bientôt, à l'heure où les lions se regardent
Pensivement parfois dans les ruisseaux,
Il comprit un beau jour que, sans y prendre garde,
Il avait vécu comme un sot.
Après tout, que s'était-il donné à lui-même ?
Il craignait de n'avoir servi
Qu'une image, celle qu'on se faisait de lui,
Pour la satisfaction extrême
De ses enfants, de sa famille et du pays.
Un beau destin de lion, comme on aime à les dire.
Mais lui ?
Qu'avait-il aimé vraiment dans sa vie,
Dont il se fût passé l'envie ?
Il s'aperçut, épouvanté,
Qu'il était passé à côté
De ses véritables joies...
Il était animal de proie
Et n'avait pas dévoré tout son soûl.
Biches, bons et beaux cerfs, proies nobles, certes :
Tout ce qu'on admettait que fasse un lion de goût.
Mais si ce qu'il aimait, lui, c'était la chair verte,
Au goût poivré, des petits rats ?
S'il y trouvait un plaisir délicat ?
Huit jours après, il voyait le ministre,
Se faisait donner l'Opéra.
Fini le lion posant sa patte sur un globe
Pour la joie des sots et des cuistres !
On est dupe longtemps et un jour on comprend
Que cette farce était sinistre.
Adieu la dignité et les nobles soucis !
Adieu l'avenir du pays !
Si Dieu se détournait de lui,
Il se détournerait aussi,

Il comptait bien être un vieillard ignoble...

Ce sont des décisions qu'on prend.
Au premier petit rat qu'il tint entre ses pattes,
Fort de son droit de directeur,
Un petit rat poissé de sueur et de peur,
Que mère maquerelle rate,
Trop heureuse de la faveur,
Lui avait amené avec son vieux sourire,
Notre lion eut un haut-le-cœur.
Avec un peu d'or, il les congédia sans mot dire,
Il resta seul dans son bureau, songeur.
Lui qui croyait que le bonheur
N'était que penser à soi-même ;
Il comprit qu'il aimait qu'on l'aime
Et que jamais petit rat
A directeur amour ne donnera –
Tout au plus lui ouvrir ses cuisses.
Ah ! qu'il est lourd l'instant où les lions s'attendrissent.
Là-haut, on entendait travaillant à la barre,
Les pas légers des petits rats...
Il signa son courrier, acheva son cigare,
Et se jeta du haut de l'Opéra.

On dira ce que l'on voudra :
L'honnêteté est une tare.
C'est si charmant, un petit rat !

(*Fables*, 1962)

JEAN DE LA FONTAINE

1621-1695

LE LION DEVENU VIEUX

Le Lion, terreur des forêts,
Chargé d'ans, et pleurant son antique prouesse,
Fut enfin attaqué par ses propres sujets
Devenus forts par sa faiblesse.
Le cheval s'approchant lui donne un coup de pied,
Le loup, un coup de dent, le bœuf, un coup de corne.
Le malheureux lion, languissant, triste et morne,
Peut à peine rugir, par l'âge estropié.
Il attend son destin, sans faire aucunes plaintes,
Quand voyant l'âne même à son antre accourir :
« Ah ! c'est trop, lui dit-il ; je voulais bien mourir ;
Mais c'est mourir deux fois que souffrir tes atteintes. »

(*Fables,* Livre III, 14, 1668)

PIERRE MENANTEAU

1895-1992

LE VIEUX ET SON CHIEN

S'il était le plus laid
De tous les chiens du monde,
Je l'aimerais encore
A cause de ses yeux.

Si j'étais le plus laid
De tous les vieux du monde,
L'amour luirait encore
Dans le fond de ses yeux.

Et nous serions tous deux,
Lui si laid, moi si vieux,
Un peu moins seuls au monde
A cause de ses yeux.

(*Florilège*, 1959)

ANDRÉE SODENKAMP

Née en 1906

NE T'EN VA PAS DE MOI

Ne t'en va pas, ne t'en va pas, ma Force,
Ma nourriture amère et mon dernier Amour,
Je serais l'arbre mort, dénudé de l'écorce,
La nuit qui tombe en plis autour du jeune jour.

J'irais par les passés comme la chienne chasse,
Traquant les vieux baisers, levant le temps perdu,
Et mon corps garderait jusqu'à la fin de l'âge
Cette foulée que laisse un gibier disparu.

(*Femmes des longs matins*, 1965)

JEAN-LUC MOREAU

Né en 1937

LA GUENON ET LES LUNETTES

Quand on prend de la bouteille,
Faut s'attendre à du tintouin :
La guenon, se faisant vieille,
Y voyait de moins en moins.

Devant sa triste binette :
– « Ce n'est rien », lui dit sa sœur,
« Fais-toi venir des lunettes,
Comme en ont les professeurs ! »

A ces mots, quelle espérance !
Oubliant son air grognon,
La guenon commande en France
Trois douzaines de lorgnons.

Mais hélas, elle eut beau faire,
Elle eut beau les renifler,
Les frotter sur son derrière,
Sur son front les empiler,

Jamais ils ne lui rendirent
Les bons yeux de ses vingt ans.
Ces docteurs, on a beau dire,
Ne sont que des charlatans.

(*L'Arbre perché*, 1979)

CHARLES-MARIE LECONTE DE LISLE

1818-1894

LES ÉLÉPHANTS

Le sable rouge est comme une mer sans limite,
Et qui flambe, muette, affaissée en son lit.
Une ondulation immobile remplit
L'horizon aux vapeurs de cuivre où l'homme habite.

Nulle vie et nul bruit. Tous les lions repus
Dorment au fond de l'antre éloigné de cent lieues.
Et la girafe boit dans les fontaines bleues,
Là-bas, sous les dattiers des panthères connus.

Pas un oiseau ne passe en fouettant de son aile
L'air épais où circule un immense soleil.
Parfois quelque boa, chauffé dans son sommeil,
Fait onduler son dos où l'écaille étincelle,

Tel l'espace enflammé brûle sous les cieux clairs.
Mais, tandis que tout dort aux mornes solitudes,
Les éléphants rugueux, voyageurs lents et rudes,
Vont au pays natal à travers les déserts.

D'un point de l'horizon, comme des masses brunes,
Ils viennent, soulevant la poussière, et l'on voit,
Pour ne point dévier du chemin le plus droit,
Sous leur pied large et sûr crouler au loin les dunes.

Celui qui tient la tête est un vieux chef. Son corps
Est gercé comme un tronc que le temps ronge et mine ;
Sa tête est comme un roc et l'arc de son échine
Se voûte puissamment à ses moindres efforts.

Sans ralentir jamais et sans hâter sa marche,
Il guide au but certain ses compagnons poudreux ;
Et, creusant par derrière un sillon sablonneux,
Les pèlerins massifs suivent leur patriarche.

L'oreille en éventail, la trompe entre les dents,
Ils cheminent, l'œil clos. Leur ventre bat et fume,
Et leur sueur dans l'air embrasé monte en brume,
Et bourdonnent autour mille insectes ardents.

Mais qu'importent la soif et la mouche vorace
Et le soleil cuisant leur dos noir et plissé ?
Ils rêvent en marchant du pays délaissé,
Des forêts de figuiers où s'abrita leur race.

Ils reverront le fleuve échappé des grands monts,
Où nage en mugissant l'hippopotame énorme,
Où, blanchis par la lune et projetant leur forme,
Ils descendaient pour boire en écrasant les joncs.

Aussi, pleins de courage et de lenteur, ils passent
Comme une ligne noire, au sable illimité ;
Et le désert reprend son immobilité
Quand les lourds voyageurs à l'horizon s'effacent.

(*Poèmes barbares*, 1862)

JEAN DE LA FONTAINE

1621-1695

LE VIEUX CHAT ET LA JEUNE SOURIS

Une jeune Souris de peu d'expérience
Crut fléchir un vieux Chat, implorant sa clémence,
Et payant de raisons le Raminagrobis :
« Laissez-moi vivre : une Souris
De ma taille et de ma dépense
Est-elle à charge en ce logis ?
Affamerais-je, à votre avis,
L'Hôte et l'Hôtesse, et tout leur monde ?
D'un grain de blé je me nourris ;
Une noix me rend toute ronde.
A présent je suis maigre ; attendez quelque temps
Réservez ce repas à Messieurs vos Enfants. »
Ainsi parlait au Chat la Souris attrapée.
L'autre lui dit : « Tu t'es trompée.
Est-ce à moi que l'on tient de semblables discours ?
Tu gagnerais autant de parler à des sourds.
Chat et vieux pardonner ? cela n'arrive guère.
Selon ces lois descends là-bas,
Meurs, et va-t'en, tout de ce pas
Haranguer les sœurs Filandières.
Mes Enfants trouveront assez d'autres repas. »
Il tint parole ; et pour ma fable,
Voici le sens moral qui peut y convenir :
La jeunesse se flatte, et croit tout obtenir.
La vieillesse est impitoyable.

(*Fables*, V, Livre XII)

AGRIPPA D'AUBIGNÉ

1552-1630

L'HIVER (DU SIEUR D'AUBIGNÉ)
ou
LA SAISON D'USAGE

Mes volages humeurs plus stériles que belles
S'en vont, et je leur dis : vous sentez, hirondelles,
S'éloigner la chaleur et le froid arriver,
Allez nicher ailleurs, pour ne fâcher, impures,
Ma couche de babil, et ma table d'ordures :
Laissez dormir en paix la nuit de mon hiver.

D'un seul point le soleil n'éloigne l'hémisphère,
Il jette moins d'ardeur, mais autant de lumière.
Je change sans regrets, lorsque je me repens
Des frivoles amours et de leur artifice.
J'aime l'hiver, qui vient purger mon cœur du vice,
Comme de peste l'air, la terre de serpents.

Mon chef blanchit dessous les neiges entassées,
Le soleil qui me luit les échauffe glacées,
Mais ne les peut dissoudre au plus court de ces mois.
Fondez, neiges, venez dessus mon cœur descendre,
Qu'encores il ne puisse allumer de ma cendre
Du brasier, comme il fit des flammes autrefois.

Mais quoi, serai-je éteint devant ma vie éteinte ?
Ne luira plus en moi la flamme vive et sainte ?
Le zèle flamboyant de la sainte maison ?
Je fais aux saints autels holocauste des restes
De glace aux feux impurs, et de naphte aux célestes :
Clair et sacré flambeau, non funèbre tison.

Voici moins de plaisirs, mais voici moins de peines :
Le rossignol se tait, se taisent les Sirènes :
Nous ne voyons cueillir ni les fruits ni les fleurs :
L'espérance n'est plus bien souvent tromperesse,
L'hiver jouit de tout, bienheureuse vieillesse,
La saison de l'usage, et non plus des labeurs.

Mais la mort n'est pas loin : cette mort est suivie
D'un vivre sans mourir, fin d'une fausse vie :
Vie de notre vie, et mort de notre mort.
Qui hait la sûreté pour aimer le naufrage,
Qui a jamais été si friand de voyage,
Que la longueur en soit plus douce que le port ?

(*Petites Œuvres meslées*, 1630)

MAURICE CARÊME

1899-1978

LES ANNÉES NEIGENT SUR MA TÊTE

Les années neigent sur ma tête
Et s'accrochent à mes cheveux.
Entendez-vous, là-bas, l'hiver
Éteindre la rumeur des fêtes ?
Givre d'argent, flocons d'années,
C'est lorsque le bois n'est plus vert
Qu'on fait les plus hautes flambées.

(*Images perdues,* 1954)

SCÉVOLE DE SAINTE-MARTHE

1535-1623

J'AI PASSÉ MON PRINTEMPS...

J'ai passé mon printemps, mon été, mon automne ;
Voici le triste hiver qui vient finir mes vœux ;
Déjà de mille vents le cerveau me bouillonne ;
J'ai la face ridée et la neige aux cheveux.

D'un pas douteux et lent, à trois pieds je chemine,
Appuyant d'un bâton mes membres languissants,
Mes reins n'en peuvent plus, et ma débile échine
Se courbe peu à peu, sous le faix de mes ans.

Une morne froideur sur mes nerfs épanchée
Engourdit tous mes sens, désormais curieux,
D'un glaçon endurci j'ai l'oreille bouchée,
Et porte en un étui la force de mes yeux.

Mais bien que la jeunesse en moi ne continue,
Dieu, fais que mon amour me conserve le cœur !
Autant que de mon sang la chaleur diminue,
Daigne de mon esprit augmenter la vigueur.

Que sert de prolonger une ingrate vieillesse,
Pour regarder sans fruit la lumière du jour !
Heureux, qui sans languir en si longue vieillesse,
Retourne de bonne heure au céleste séjour !

(*Poésies*, 1625)

CHARLES BAUDELAIRE

1821-1867

L'ENNEMI

Ma jeunesse ne fut qu'un ténébreux orage,
Traversé çà et là par de brillants soleils ;
Le tonnerre et la pluie ont fait un tel ravage,
Qu'il reste en mon jardin bien peu de fruits vermeils.

Voilà que j'ai touché l'automne des idées,
Et qu'il faut employer la pelle et les râteaux
Pour rassembler à neuf les terres inondées,
Où l'eau creuse des trous grands comme des tombeaux.

Et qui sait si les fleurs nouvelles que je rêve
Trouveront dans ce sol lavé comme une grève
Le mystique aliment qui ferait leur vigueur ?

– Ô douleur ! ô douleur ! Le Temps mange la vie,
Et l'obscur Ennemi qui nous ronge le cœur
Du sang que nous perdons croît et se fortifie !

(*Les Fleurs du mal,* 1857)

ANDRÉE SODENKAMP

Née en 1906

NOVEMBRE

Il faut devenir vieille,
seulement un peu,
pour savourer novembre.
Il pleut
à ne plus avoir besoin de larmes,
et tous les décombres de l'hiver
te font des paysages.
Tu as perdu
le bruit des feuilles mortes,
cette marche que tu faisais
dans un croustillant automne,
et tu enterres
tous les fantômes de roses
qui te restaient dans la mémoire.

Tu risques de mourir du mal de novembre
en essuyant sur tes joues
la pluie plus épaisse que tes larmes
et de ne plus rien comprendre
au premier vert insoutenable
de ton dernier printemps.

(*C'est au feu que je pardonne*, 1984)

LÉO LARGUIER

1872-1950

NI DÉPIT NI REGRETS

Ni dépit, ni regrets à la fin du voyage,
j'ai toujours aux printemps préféré les hivers
et si je dois marquer ici-bas mon passage,
je voudrais que ce fût seulement par des vers

admirés de tous ceux qui rêvent dans leur chambre,
regardant aux chenets flamber le bois vermeil
et pour qui, sans les vents et la neige, décembre
au mois de mai sans aubépines est pareil ;

de tous ceux dont le cœur se dilate à l'idée
que la porte est bien close et que la lampe luit,
que les volets fermés ruissellent sous l'ondée,
et qui se couchent seuls lorsque sonne minuit...

(*Mes vingt ans et moi,* 1944)

CLAUDE FAUX

Né en 1930

AÏEULE

Quand les jeunes du village
La tourmentaient sur son âge
Je suis née
Disait-elle
L'année des grandes neiges
Et me suis mariée
L'an d'avant
L'autre vent

(*Le Temps compté*, 1966)

CHARLES AUGUSTIN SAINTE-BEUVE

1804-1869

J'ÉTAIS UN ARBRE...

J'étais un arbre en fleur où chantait ma Jeunesse,
Jeunesse, oiseau charmant, mais trop vite envolé,
Et même, avant de fuir du bel arbre effeuillé,
Il avait tant chanté qu'il se plaignait sans cesse.

Mais sa plainte était douce, et telle en sa tristesse
Qu'à défaut de témoins et de groupe assemblé,
Le buisson attentif avec l'écho troublé
Et le cœur du vieux chêne en pleuraient de tendresse.

Tout se tait, tout est mort ! L'arbre, veuf de chansons,
Étend ses rameaux nus sous les mornes saisons ;
Quelque craquement sourd s'entend par intervalle ;

Debout il se dévore, il se ride, il attend,
Jusqu'à l'heure où viendra la Corneille fatale
Pour le suprême hiver chanter le dernier chant.

(*Poésies diverses*, 1829)

GÉRARD BOCHOLIER

Né en 1947

MON VIEUX TILLEUL

Pendant que le voisin m'explique
Que mon vieux tilleul étêté
Va très certainement pourrir,

(J'y ai, enfant, gravé mon signe,
D'un morceau de ciseaux rouillé,
Sans nul souci écologique,

Fier d'un G. B. cabalistique,
Mais à quel suivant destiné ?)
D'un accent froid de spécialiste,

Me désignant la coulée noire
Comme un cancer le long du tronc,
Vraie catastrophe de mémoire,

Le mal poussant jusqu'aux racines
De mes verdoyantes passions
(Dumas et grimoires magiques,

Corsaire à la proue du navire,
A défaut de mer en plein vent),
Je sens quelque chose qui glisse

De moi inéluctablement,
Un ruisseau d'encre lasse et triste,
Enfin comblé par l'océan.

(*Inédit*, 1994)

VICTOR DE LAPRADE

1812-1883

LA MORT D'UN CHÊNE

(fragment)

Lève-toi ! c'est assez pleurer sur ce qui tombe ;
La lyre doit savoir prédire et consoler ;
Quand l'esprit te conduit sur le bord d'une tombe,
De vie et d'avenir c'est pour nous y parler.

Crains-tu de voir tarir la sève universelle,
Parce qu'un chêne est mort et qu'il était géant ?
Ô poète ! âme ardente en qui l'amour ruisselle,
Organe de la vie, as-tu peur du néant ?

Tandis que tu gémis sur cet arbre en ruines,
Mille germes là-bas, déposés en secret,
Sous le regard de Dieu veillent dans ces collines,
Tout prêts à s'élancer en vivante forêt.

Nos fils pourront aimer et rêver sous leurs dômes ;
Le poète adorer la nature et chanter ;
Dans l'ombreux labyrinthe où tu vois des fantômes,
Un idéal plus pur viendra les visiter.

Croissez sur nos débris, croissez, forêts nouvelles !
Sur vos jeunes bourgeons nous verserons nos pleurs ;
D'avance je vous vois, plus fortes et plus belles,
Faire un plus doux ombrage à des hôtes meilleurs.

Ne penche plus ton front sur les choses qui meurent ;
Tourne au levant tes yeux, ton cœur à l'avenir.
Les arbres sont tombés, mais les germes demeurent ;
Tends sur ceux qui naîtront tes bras pour les bénir.

Poète aux longs regards, vois les races futures,
Vois ces bois merveilleux à l'horizon éclos ;
Dans ton sein prophétique écoute les murmures,
Écoute ! au lieu d'un bruit de fer et de sanglots,

Sur des coteaux baignés par des clartés sereines,
Où des peuples joyeux semblent se reposer,
Sous les chênes émus, les hêtres et les frênes,
On dirait qu'on entend un immense baiser.

(*Odes et poèmes,* 1844)

MAURICE FOMBEURE

1906-1981

LE : J'AI LA GOUTTE

Goutte, tu me prends, tu me tiens
Et me taraudes à l'aveuglette !
Mes chaussons gros comme des chiens
Mes panards piqués d'épinglettes,

C'est là privilège des âges
Avancés. Ainsi va le mien.
Le vieil orme plaît aux orages
Sous le ciel noir et saturnien.

Adieu paniers, raisins, fillettes,
Galimafrées sous les tilleuls,
Désormais mes joies sont muettes
Je n'ai plus droit qu'à l'ouïe, qu'à l'œil.

Assourdi des cortèges d'anges
Qui volent pour d'autres que moi,
J'obéis. J'ai fait mes vendanges,
Mes moissons dans les plus beaux mois.

Je me blottis comme un cloporte
Pour moins de prise à la douleur,
Ma pipe, le seuil de ma porte,
Un soleil gonflé de chaleur,

Un chat noir qui gourgonne d'aise
Lové luisant sur mes genoux.
L'hiver la joie roseur des braises
L'été, les lointains de chez nous.

Je saluerai la Camarade
Quand elle viendra me dire « Tu ! »
Puis j'aborderai dans sa rade
(C'est de nécessité vertu !)

(*Pendant que vous dormez*, 1953)

CHARLES DOBZYNSKI

Né en 1929

SANCTUS

Nous vieillissons ensemble avec les cordes
Vibrant en nous du vaste clavier
De notre vie et que l'orgue déborde
D'une musique à nos corps chevillée.
Nous vieillissons comme tombe une neige
Tout doucement sur l'être que l'on fut
Et ce manteau sans bruit qui nous protège
En même temps efface nos refus.
Et notre image en ce miroir va fondre
Très doucement comme font les névés
Ruisselleront de Rome jusqu'à Londres
Toutes ces nuits que nous avons rêvées.
Nous vieillissons comme on quitte une table
Il reste au fond du verre un peu de vin
Il reste dans la vie un peu de sable
De l'océan qui sera le devin ?
Le littoral est désert mais l'écume
Poursuit sa trame et l'oiseau son élan
Au loin s'en vont les jours que nous vécûmes
Pareils sur nous au vol des goélands.

(*La vie est un orchestre*, 1992)

JACQUES CHARPENTREAU

Né en 1928

NE PAS SE FIER AUX APPARENCES

La petite vieille qui n'a l'air de rien
elle file le brouillard du matin.
La montagne est sa quenouille
le soleil est son rouet
que fait tourner le torrent.
Sur le sentier
sa laine sous le bras
elle marche en comptant ses points
la petite vieille qui n'a l'air de rien.
Elle tricote les nuages
pour son fils.
Elle tricote les moutons des prés
pour sa fille.
Mais c'est pour son plaisir à elle
qu'elle tricote les vagues
qu'elle festonne les embruns
qu'elle étend le couvre-lit de dentelles sur la mer
la petite vieille qui n'a l'air de rien.

(*Images,* 1989)

STÉPHANE MALLARMÉ

1842-1898

BRISE MARINE

La chair est triste, hélas ! et j'ai lu tous les livres.
Fuir ! là-bas fuir ! Je sens que des oiseaux sont ivres
D'être parmi l'écume inconnue et les cieux !
Rien, ni les vieux jardins reflétés par les yeux
Ne retiendra ce cœur qui dans la mer se trempe
Ô nuits ! ni la clarté déserte de ma lampe
Sur le vide papier que la blancheur défend
Et ni la jeune femme allaitant son enfant.
Je partirai ! Steamer balançant ta mâture,
Lève l'ancre pour une exotique nature !

Un Ennui, désolé par les cruels espoirs,
Croit encore à l'adieu suprême des mouchoirs !
Et, peut-être, les mâts, invitant les orages
Sont-ils de ceux qu'un vent penche sur les naufrages
Perdus, sans mâts, sans mâts, ni fertiles îlots...
Mais, ô mon cœur, entends le chant des matelots !

(*Poésies,* 1887)

AGRIPPA D'AUBIGNÉ

1552-1630

PRÉPARATIF À LA MORT
EN ALLÉGORIE MARITIME

C'est un grand heur en vivant
D'avoir vaincu tout orage,
D'avoir au cours du voyage
Toujours en poupe le vent :

Mais c'est bien plus de terrir
À la côte désirée,
Et voir sa vie assurée
Au havre de bien mourir.

Arrière craintes et peurs,
Je ne marque plus ma course
Au Canope, ni à l'Ourse,
Je n'ai souci des hauteurs ;

Je n'épie plus le Nord,
Ni pas une des étoiles,
Je n'ai qu'à baisser les voiles
Pour arriver dans le port.

(*Tombeaux*, 1574)

HENRI MICHAUX

1899-1984

VIEILLESSE

Soir ! Soir ! Que de soirs pour un seul matin !
Îlots épars, corps de fonte, croûtes !
On s'étend mille dans son lit, fatal déréglage !

Vieillesse, veilleuse, souvenirs : arènes de la
mélancolie !
Inutiles agrès, lent déséchafaudage !
Ainsi, déjà, l'on nous congédie !
Poussé ! Partir poussé !
Plomb de la descente, brume derrière...
Et le blême sillage de n'avoir pas pu Savoir.

(*Lointain Intérieur,* 1938)

LÉON DIERX

1838-1912

LE VIEUX SOLITAIRE

Je suis tel un ponton sans vergues et sans mâts,
Aventureux débris des trombes tropicales,
Et qui flotte, roulant des lingots dans ses cales,
Sur une mer sans borne et sous de froids climats.

Les vents sifflaient jadis dans ses mille poulies.
Vaisseau désemparé qui ne gouverne plus,
Il roule, vain jouet du flux et du reflux,
L'ancien explorateur des vertes Australies !

Il ne lui reste plus un seul des matelots
Qui chantaient sur la hune en dépliant la toile.
Aucun phare n'allume au loin sa rouge étoile ;
Il tangue, abandonné tout seul sur les grands flots.

La mer autour de lui se soulève et le roule,
Et chaque lame arrache une poutre à ses flancs ;
Et les monstres marins suivent de leurs yeux blancs
Les mirages confus du cuivre sous la houle.

Il flotte, épave inerte, au gré des flots houleux,
Dédaigné des croiseurs aux bonnettes tendues,
La coque lourde encor de richesses perdues,
De trésors dérobés aux pays fabuleux.

Tel je suis. Vers quels ports, quels récifs, quels abîmes,
Dois-tu les charrier, les secrets de mon cœur ?
Qu'importe ? Viens à moi, Caron, vieux remorqueur,
Écumeur taciturne aux avirons sublimes !

(*Poèmes et poésies,* 1864)

JOACHIM DU BELLAY

1522-1560

COMME LE MARINIER

Comme le marinier, que le cruel orage
A longtemps agité dessus la haute mer,
Ayant finalement à force de ramer
Garanti son vaisseau du danger du naufrage,

Regarde sur le port, sans plus craindre la rage
Des vagues ni des vents, les ondes écumer :
Et quelqu'autre bien loin, au danger d'abîmer,
En vain tendre les mains vers le front du rivage :

Ainsi, mon cher Morel, sur le port arrêté,
Tu regardes la mer, et vois en sûreté
De mille tourbillons son onde renversée :

Tu la vois jusqu'au ciel s'élever bien souvent,
Et vois ton Du Bellay à la merci du vent
Assis au gouvernail dans une nef percée.

(*Les Regrets*, 34, 1558)

III

LES ANCIENS

Ce troisième groupe est celui des anciens, des aïeux, en commençant par la figure la plus emblématique, la plus symbolique :

La petite vieille, l'éternelle vieille, bref la femme.

Pour passer à la mère, la mère devenue âgée, il n'y a qu'un pas.

Puis suivent les grands-parents.

Se succèdent plusieurs textes sur l'homme vieux, le vieillard (le mot n'a pas de féminin !), souvent qualifié de noble, l'ancêtre empreint de sérénité et de majesté.

Pour finir avec les « petits vieux » et les « petites vieilles », considérés en groupes, en cohortes, regardés avec curiosité ou avec dédain, voire même avec haine.

HERVÉ BAZIN

Né en 1911

LA VIEILLE AUX CHENETS

Devant l'âtre la vieille,
Voici qu'elle sommeille
Et close en son fichu
Rêve, le menton chu,
Ce qu'elle croit entendre...
Madame, si j'ai dû
Comme vous condescendre
A vivre dans la cendre,
C'est que Saint Lucifer
Me refusant le fer
A choisi pour ma honte
Une gueuse de fonte !
Comment s'y faire un nom ?
La force est au canon,
La gloire est à l'épée
Dans tous les sangs trempée.
Moi, j'ai les petits feux
Qui font cuire deux œufs ;
J'assure aux paysannes
Des tisons, des tisanes...
Hélas ! dit le chenet,
On n'est que ce qu'on naît.
Si tel je me supporte,
C'est comme fait la porte
En geignant sur le gond,
Comme va le wagon,
Comme pousse un chicon.

C'est comme vous, la mère,
Comme règle en grammaire,
Comme biche au ressui :
Je vis ce que je suis.

(*Jour* suivi de *A la poursuite d'Iris*, 1971)

CHARLES-FERDINAND RAMUZ

1878-1947

LA VIEILLE

Elle était déjà bien vieille
quand les vieux d'à présent étaient petits,
elle est d'un autre temps, elle est restée, et puis
elle s'est oubliée.

Elle est du temps passé où les femmes portaient
des coiffes de dentelles,
des fichus tout brodés, des jupes de milaine
avec beaucoup de plis.

Elle est du temps où on parlait encor patois,
où les gens allaient à la ville,
une fois par année, aux fêtes de la Dame ;
et, montant à la cathédrale
avec des graines dans leur poche,
ils faisaient le tour de la grosse cloche.

Elle est d'un temps si vieux qu'on ne s'en souvient plus.
Mais, elle, elle s'en souvient, elle ferme les yeux
pour mieux s'en souvenir ;
et elle est là, assise au soleil sans rien dire,
songeant à son passé, à ceux qui sont partis
et à sa solitude.

(Poésies)

JULES LAFORGUE

1860-1887

COMPLAINTE
VARIATIONS SUR LE MOT « FALOT, FALOTTE ! »

(fragment)

Falot, falotte !
La petite vieille qui trotte
Par les bois aux temps pluvieux,
Cassée en deux sous le fagot
Qui réchauffera de son mieux
Son vieux fricot !
Falot ! falot !

(*Les Complaintes*, 1885)

JOACHIM DU BELLAY

1522-1560

L'ANTÉROTIQUE DE VIEILLE ET DE LA JEUNE AMIE

Vieille, aussi vieille comme celle,
Qui après l'onde universelle,
Du jet de la pierre féconde
Engendra la moitié du monde ;

Vieille, plus sale qu'avarice,
Vieille, qui serais bien nourrice
A celle de Nestor le sage ;
Vieille, qui portes au visage
Et aux moins laids endroits de toi
Des sillons à coucher le doigt ;

Vieille, qui as, ô vieille bête,
Plus d'yeux, que de cheveux en tête ;
Vieille, à trois petits bouts de dents
Tous rouillés dehors et dedans ;

Vieille, qui as joue et narine
Bordées de crasse, et farine,
De bave la bouche et gencive,
Et les yeux d'écarlate vive ;

Vieille, qui as telle couleur
Que celle, qui par grand'douleur
Du bien d'autrui se lamentant,
Se va soi-même tourmentant,
Et couchée à plat sur le ventre

En lieu, où point le Soleil n'entre,
Pour nourrissement de ses œuvres
Se pais de serpents, et couleuvres ;

Vieille, horrible plus que méduse,
Vieille, au ventre... holà ma muse,
Veux-tu toucher les membres ords,
Qui point ne se montrent dehors ?

Vu que ce qui au jour se montre
Est de si hideuse rencontre,
Que même le soleil se cache
De peur d'y prendre quelque tache :

Je te prie, ne t'y souilles point,
De peur que venant sur le point
De la beauté, pour qui j'endure,
Tu n'y apportes quelque ordure.

Vieille donc, plus que toi vilaine,
Vieille, qui rends semblable haleine
A celle du stigieux gouffre
Ou d'une minière de souffre :

Et si à rire tu te boutes,
Semble à ceux qui sont aux écoutes
Ouïr l'épouvantable voix
Du Chien Portier à trois abois ;

Vieille, peur des chastes familles,
Vieille, peste des jeunes filles
Que tout père avare et antique
Et tout(e) matrone pudique
Craignent trop plus, que le berger
Du loup ne doute le danger ;

Bien infortuné devait être
L'astre sous qui tu vins à naître,

Et bien étaient fâchés les dieux
Quand tu naquis en ces bas lieux,
Qui des maux y sèmes encore
Plus que la fatale Pandore.

Ô que n'ai-je de véhémence
Autant que tu as de semence
D'étranges vices, et divers !
Ma plume vomirait un vers
Teint au sang de ce malheureux,
Qui de peur du trait dangereux,
Que la muse allait débandant,
Sauva sa vie en se pendant.

Vieille, que tous oiseaux funèbres,
Chats-huants, amis des ténèbres,
Avec maints charogneux corbeaux
Ont jà condamnée au tombeau.

Que dis-je ? Tu ne mourras point.
Pour ce que la mort, qui tout point,
Quoiqu'elle soit fière et terrible,
Te voyant encor' plus horrible,
De toi approcher n'osera,
Mais de peur tremblante sera.

Comment ? elle cuidera ainsi
Que la mort de la mort tu sois.

Ou bien si le ciel pitoyable
De ce monstre tant incroyable
Purge la terre, qui tel fruit
Voudrait oncques n'avoir produit,
Ton âme sale et dépiteuse,
Sortant de sa prison hideuse
S'en ira blasphémer là-bas,
Prenant (comme ici) ses ébats
A donner peines, et encombres.

Malheur à vous (ô pauvres ombres !)
Qui d'endurer serez contraintes
Les fouets, torches et atteintes,
Et la cruelle seigneurie
De cette quatrième furie.

Quand tu vois (ô vieille et immonde
Vieille, déshonneur de ce monde)
Celle qui (si bien m'en souvient)
Sur l'an quinzième à peine vient [...]

Qui envoie jusqu'aux talons
Des cheveux si crêpés et blonds,
Qu'ils font honte au beau soleil même...

(*L'Antérotique*, 1552)

CHARLES LE QUINTREC

Né en 1926

MA MÈRE

Ma mère ne sait pas jouer du piano
Les épingles du vent d'hiver percent son châle
Elle a pleuré d'être sans feu et sans étoile
Et pauvre, elle a mis le bon Dieu dans ses travaux.

Aujourd'hui, épuisée, elle dit ses matines
Au lit. Elle aime tant son long chemin de croix
Qu'elle rit en songeant aux peines d'autrefois
Humble dans ses douleurs et dans sa pèlerine.

Du lavoir au jardin, sous la pluie des ponants,
Son âme est devenue tendre comme la terre
Quand elle prie, les morts reprennent sa prière,
Et le paradis passe au milieu des vivants.

(*Les Noces de la terre,* 1957)

ÉMILE NELLIGAN

1879-1941

DEVANT DEUX PORTRAITS DE MA MÈRE

Ma mère, que je l'aime en ce portrait ancien,
Peint aux jours glorieux qu'elle était jeune fille,
Le front couleur de lys et le regard qui brille
Comme un éblouissant miroir vénitien !

Ma mère que voici n'est plus du tout la même ;
Les rides ont creusé le beau marbre frontal ;
Elle a perdu l'éclat du temps sentimental
Où son hymen chanta comme un rose poème.

Aujourd'hui je compare, et j'en suis triste aussi,
Ce front nimbé de joie et ce front de souci,
Soleil d'or, brouillard dense au couchant des années.

Mais, mystère de cœur qui ne peut s'éclairer !
Comment puis-je sourire à ces lèvres fanées ?
Au portrait qui sourit, comment puis-je pleurer ?

(*Poésies complètes*, 1952)

ARTHUR RIMBAUD

1854-1891

LES GRANDS-PARENTS

Nous sommes tes Grands-Parents,
    Les Grands !
Couverts des froides sueurs
    De la lune et des verdures.
Nos vins secs avaient du cœur !
Au soleil sans imposture
Que faut-il à l'homme ! boire.

MOI – Mourir aux fleuves barbares.

Nous sommes tes Grands-Parents
    Des champs.
L'eau est au fond des osiers :
Vois le courant du fossé
Autour du château mouillé.
Descendons en nos celliers
Après, le cidre et le lait.

MOI – Aller où boivent les vaches.

Nous sommes tes Grands-Parents
    Tiens, prends
Les liqueurs dans nos armoires
Le Thé, le Café, si rares,
Frémissent dans les bouilloires.
– Vois les images, les fleurs.
Nous rentrons du cimetière.

MOI – Ah ! tarir toutes les urnes !

(*Vers nouveaux et chansons,* 1872)

PIERRE MENANTEAU

1895-1992

L'ENFANT ET L'AÏEUL

C'est un petit enfant
Qui voudrait être grand :
Il se met des échasses
Et devient cet espace
Que traverse un géant.

Et voici son grand-père
Qui retrouve une terre
Où les deux voyageurs
Sont à même hauteur
Dans le temps sans frontière.

L'un devenant très vieux,
L'autre rapetissant,
Ils s'en vont tous les deux
Dans l'espace et le temps.
Lentement, lentement.

(*Légendaire pour un enfant poète,* 1962)

CLAUDE FAUX

Né en 1930

GRAND-PÈRE

Le Jean-Baptiste moi j'en parle en tâtonnant
J'ai retrouvé de lui un portrait à moustaches
Il paraît que j'ai ses yeux clairs C'est étonnant
Comme j'y reconnais l'amertume qu'ils cachent

Il avait m'a-t-on dit sa carte syndicale
C'était alors une insolence d'insensé
Le curé du pays qui menait le scandale
Prophétisait que ses enfants naîtraient sans pieds

Or dans son ascendance on savait les augures
Et la menace avait un air de parodie
Un oncle maternel enchantait les brûlures
Son père avait le mauvais œil sur les brebis

Je ne crois pas qu'il fut le meneur que j'ai cru
Lorsque vers dix-huit ans je découvris Lénine
Les jours de paye il buvait trop et ses refus
S'endormaient avec lui dans l'herbe des ravines

Mais j'aime en moi cette légende enracinée
Et que j'en sois la dupe ou que j'en sois complice
J'aime en moi ce bon sens et ce calme obstinés
Cette humeur paysanne aux rugueuses malices

Je viens de lui je viens de ses plaisirs faciles
Je viens de sa fatigue et des jours mal venus
Je viens du peu d'espoir qui le rendait docile
Et je sais que par ses chemins je continue

(*Le Temps compté*, 1966)

VICTOR HUGO

1802-1885

BOOZ ENDORMI

*

Booz s'était couché de fatigue accablé ;
Il avait tout le jour travaillé dans son aire ;
Puis avait fait son lit à sa place ordinaire ;
Booz dormait auprès des boisseaux pleins de blé.

Ce vieillard possédait des champs de blés et d'orge ;
Il était, quoique riche, à la justice enclin ;
Il n'avait pas de fange en l'eau de son moulin ;
Il n'avait pas d'enfer dans le feu de sa forge.

Sa barbe était d'argent comme un ruisseau d'avril.
Sa gerbe n'était point avare ni haineuse ;
Quand il voyait passer quelque pauvre glaneuse :
« Laissez tomber exprès des épis », disait-il.

Cet homme marchait pur loin des sentiers obliques,
Vêtu de probité candide et de lin blanc ;
Et, toujours du côté des pauvres ruisselant,
Ses sacs de grains semblaient des fontaines publiques.

Booz était bon maître et fidèle parent ;
Il était généreux, quoiqu'il fût économe ;
Les femmes regardaient Booz plus qu'un jeune homme,
Car le jeune homme est beau, mais le vieillard est grand.

Le vieillard, qui revient vers la source première,
Entre aux jours éternels et sort des jours changeants ;
Et l'on voit de la flamme aux yeux des jeunes gens,
Mais dans l'œil du vieillard on voit de la lumière.

*

Donc, Booz dans la nuit dormait parmi les siens.
Près des meules, qu'on eût prises pour des décombres,
Les moissonneurs couchés faisaient des groupes sombres ;
Et ceci se passait dans des temps très anciens.

Les tribus d'Israël avaient pour chef un juge ;
La terre, où l'homme errait sous la tente, inquiet
Des empreintes de pieds de géants qu'il voyait,
Était mouillée encor et molle du déluge.

*

Comme dormait Jacob, comme dormait Judith,
Booz, les yeux fermés, gisait sous la feuillée ;
Or, la porte du ciel s'étant entrebâillée
Au-dessus de sa tête, un songe en descendit.

Et ce songe était tel, que Booz vit un chêne
Qui, sorti de son ventre, allait jusqu'au ciel bleu ;
Une race y montait comme une longue chaîne ;
Un roi chantait en bas, en haut mourait un Dieu.

Et Booz murmurait avec la voix de l'âme :
« Comment se pourrait-il que de moi ceci vînt ?
Le chiffre de mes ans a passé quatre-vingt,
Et je n'ai pas de fils, et je n'ai plus de femme.

« Voilà longtemps que celle avec qui j'ai dormi,
Ô Seigneur ! a quitté ma couche pour la vôtre ;
Et nous sommes encor tout mêlés l'un à l'autre,
Elle à demi vivante et moi mort à demi.

« Une race naîtrait de moi ! Comment le croire ?
Comment se pourrait-il que j'eusse des enfants ?
Quand on est jeune, on a des matins triomphants ;
Le jour sort de la nuit comme d'une victoire ;

« Mais vieux, on tremble ainsi qu'à l'hiver le bouleau ;
Je suis veuf, je suis seul, et sur moi le soir tombe,
Et je courbe, ô mon Dieu ! mon âme vers la tombe,
Comme un bœuf ayant soif penche son front vers l'eau. »

Ainsi parlait Booz dans le rêve et l'extase,
Tournant vers Dieu ses yeux par le sommeil noyés ;
Le cèdre ne sent pas une rose à sa base,
Et lui ne sentait pas une femme à ses pieds.

*

Pendant qu'il sommeillait, Ruth, une moabite,
S'était couchée aux pieds de Booz, le sein nu,
Espérant on ne sait quel rayon inconnu,
Quand viendrait du réveil la lumière subite.

Booz ne savait point qu'une femme était là,
Et Ruth ne savait point ce que Dieu voulait d'elle.
Un frais parfum sortait des touffes d'asphodèle ;
Les souffles de la nuit flottaient sur Galgala.

L'ombre était nuptiale, auguste et solennelle ;
Les anges y volaient sans doute obscurément,
Car on voyait passer dans la nuit, par moment,
Quelque chose de bleu qui paraissait une aile.

La respiration de Booz qui dormait
Se mêlait au bruit sourd des ruisseaux sur la mousse.
On était dans le mois où la nature est douce,
Les collines ayant des lys sur leur sommet.

Ruth songeait et Booz dormait ; l'herbe était noire ;
Les grelots des troupeaux palpitaient vaguement ;
Une immense bonté tombait du firmament ;
C'était l'heure tranquille où les lions vont boire.

Tout reposait dans Ur et dans Jérimadeth ;
Les astres émaillaient le ciel profond et sombre ;
Le croissant fin et clair parmi ces fleurs de l'ombre
Brillait à l'occident, et Ruth se demandait,

Immobile, ouvrant l'œil à moitié sous ses voiles,
Quel dieu, quel moissonneur de l'éternel été,
Avait, en s'en allant, négligemment jeté
Cette faucille d'or dans le champ des étoiles.

(« D'Ève à Jésus », VI, in *La Légende des siècles,* tome II, 1859)

JOSEPH PAUL SCHNEIDER

Né en 1940

MÈRE

C'était sous les bouleaux
Dans la douceur d'une fin d'été
À la tombée du soir
Quand j'ai lu sur ton visage ravagé
Le ciel dans tes yeux
Et dans la confidence des nuages
Ce secret d'un cœur assuré
Du voyage où la transparence
Fait écho à la source
Infinie et multiple
De cette vérité d'être
Que j'habiterai pour te
Poursuivre

(*En cette steppe*, 1992)

JOSÉ-MARIA DE HEREDIA

1842-1905

L'ANCÊTRE

La gloire a sillonné de ses illustres rides
Le visage hardi de ce grand Cavalier
Qui porte sur son front que nul n'a fait plier
Le hâle de la guerre et des soleils torrides.

En tous lieux, Côte-Ferme, îles, sierras arides,
Il a planté la croix, et, depuis l'escalier
Des Andes, promené son pennon familier
Jusqu'au golfe orageux qui blanchit les Florides.

Pour ses derniers neveux, Claudius, tes pinceaux,
Sous l'armure de bronze aux splendides rinceaux,
Font revivre l'aïeul fier et mélancolique ;

Et ses yeux assombris semblent chercher encor
Dans le ciel de l'émail ardent et métallique
Les éblouissements de la Castille d'Or.

(*Les Trophées*, 1893)

MAURICE CARÊME

1899-1978

LE VIEUX CURÉ

Le vieux curé montait là-haut au cimetière
Avec un gros bouquet de lilas pour sa mère.

Son chien, vieux lui aussi, le suivait lentement,
La langue fatiguée pendue entre les dents.

Il était revenu vivre dans son village,
Comme dit Du Bellay, le reste de son âge.

Et il se surprenait parfois à chantonner
Une vieille chanson où l'on parlait d'un gué

Qu'une fille passait, les jupons relevés.
Dominus Vobiscum... Qu'aurait dit son évêque

S'il l'avait entendu chanter ainsi avec
Son bouquet de lilas ! Mais Dieu, lui, comprenait

Qu'un vieux curé se ressouvienne, au mois de mai,
D'une enfance où l'amour tient parfois tant de place

Que la fille du clerc semble un ange qui passe.

(*Brabant*, 1967)

GÉO NORGE

1898-1991

SANS PARLER DES PHARAONS

Le vilain vieillard tout nu,
On l'assit au bord du Gange
Afin qu'à son aise il pût
Converser avec les anges.

Au lieu de ça, cet hurlu-
Berlu voulut recenser
Tout ce qu'il avait cru, lu,
Tu, vu, su, connu, pensé.

Il broute comme un gazon
Les verdeurs de tant d'années,
Puis, après ça, elles sont
Profondément ruminées.

Tout y passe et fait la soupe !
Du sang, des mers, des varechs.
Il veut revoir à la loupe
L'azur comme le bifteck,

Sans parler des pharaons
Et des clameurs personnelles
Que sa mémoire confond
Avec des vols d'hirondelles.

Ces plages de souvenance
Avouaient à marée basse
Des monceaux de calebasse
Vidés de leurs longs silences.

Les jours n'étaient plus des jours
Mais de noirs anniversaires
Qui déployaient leurs velours
Sur les sables millénaires.

Les chants, les pots ébréchés
Des anciennes soûleries
Semblaient encor se pencher
Vers des robes qui sourient.

Dans cet immense marasme
Émergeaient de temps en temps
Des songes de quatre vents
Et des secousses de spasmes.

Reconnaissons qu'il fallait,
La boule de feu, l'avoir
Au ventre pour émouvoir
Le sommeil de tels palais ?

Ô surprise émerveillée :
Sur cette extrême avalanche,
Le vieillard extasié
Vit tout à coup s'éveiller

Une jeune rose blanche.

(*Les Coq-à-l'âne,* 1985)

GILBERT TROLLIET

1905-1980

LE VIEUX

Passait
Dans l'avenue
Avec sa honte –

Un cri de loques
Neuves
Couturé
De silence.

Le front de vivre
Comme un regard
Entre les yeux.

(*Prends garde au jour,* 1962)

VICTOR HUGO

1802-1885

ÉVIRADNUS

(fragments)

Éviradnus,
Vieux ! commence à sentir le poids des ans chenus ;

[...]

Il rit des ans. Cet homme à qui le monde entier
N'eût pas fait dire Grâce ! et demander quartier,
Ira-t-il pas crier au temps : Miséricorde !
Il s'est, comme Baudoin, ceint les reins d'une corde ;
Tout vieux qu'il est, il est de la grande tribu ;
Le moins fier des oiseaux n'est pas l'aigle barbu.
Qu'importe l'âge ! il lutte. Il vient de Palestine,
Il n'est point las. Les ans s'acharnent ; il s'obstine.

[...]

Car la lumière est femme et se refuse aux vieux ;
Viens. Tu vois mieux que moi, qui n'ai plus de bons yeux,

[...]

Comme sort de la brume
Un sévère sapin, vieilli dans l'Appenzell,
A l'heure où le matin au souffle universel
Passe, des bois profonds balayant la lisière,
Le preux ouvre son casque, et hors de la visière
Sa longue barbe blanche et tranquille apparaît.

Sigismond, s'est dressé, comme un dogue en arrêt,
Ladislas bondit, hurle, ébauche une huée,
Grince des dents et rit, et, comme la nuée
Résume en un éclair le gouffre pluvieux,
Toute sa rage éclate en ce cri : « C'est un vieux ! »

Le grand chevalier dit, regardant l'un et l'autre :
« Rois, un vieux de mon temps vaut deux jeunes du vôtre.
Je vous défie à mort, laissant à votre choix
D'attaquer l'un sans l'autre ou, tous deux à la fois » [...]

(« Les chevaliers errants », in *La Légende des siècles,* 1859)

JACQUES BREL

1929-1978

LES VIEUX

Les vieux ne parlent plus ou alors seulement parfois du bout des yeux
Mêmes riches ils sont pauvres, ils n'ont plus d'illusions et n'ont qu'un cœur pour deux
Chez eux ça sent le thym, le propre, la lavande et le verbe d'antan
Que l'on vive à Paris on vit tous en province quand on vit trop longtemps
Est-ce d'avoir trop ri que leur voix se lézarde quand ils parlent d'hier
Et d'avoir trop pleuré que des larmes encore leur perlent aux paupières
Et s'ils tremblent un peu est-ce de voir vieillir la pendule d'argent
Qui ronronne au salon, qui dit oui qui dit non, qui dit : je vous attends

Les vieux ne rêvent plus, leurs livres s'ensommeillent, leurs pianos sont fermés
Le petit chat est mort, le muscat du dimanche ne les fait plus chanter
Les vieux ne bougent plus, leurs gestes ont trop de rides, leur monde est trop petit
Du lit à la fenêtre, puis du lit au fauteuil et puis du lit au lit
Et s'ils sortent encore bras dessus bras dessous tout habillés de raide
C'est pour suivre au soleil l'enterrement d'un plus vieux, l'enterrement d'une plus laide

Et le temps d'un sanglot, oublier toute une heure la pendule
d'argent
Qui ronronne au salon, qui dit oui qui dit non et puis qui les
attend

Les vieux ne meurent pas, ils s'endorment un jour et dorment trop longtemps
Ils se tiennent la main, ils ont peur de se perdre et se perdent
pourtant
Et l'autre reste là, le meilleur ou le pire, le doux ou le sévère
Cela n'importe pas, celui des deux qui reste se retrouve en
enfer
Vous le verrez peut-être, vous la verrez parfois en pluie et en
chagrin
Traverser le présent en s'excusant déjà de n'être pas plus loin
Et fuir devant vous une dernière fois la pendule d'argent
Qui ronronne au salon, qui dit oui qui dit non, qui leur dit :
je t'attends
Qui ronronne au salon, qui dit oui qui dit non et puis qui
nous attend.

(en collaboration avec
Gérard Jouannest et Jean Corti)

CHARLES BAUDELAIRE

1821-1867

LES PETITES VIEILLES

à Victor Hugo

I

Dans les plis sinueux des vieilles capitales,
Où tout, même l'horreur, tourne aux enchantements,
Je guette, obéissant à mes humeurs fatales,
Des êtres singuliers, décrépits et charmants.

Ces monstres disloqués furent jadis des femmes,
Éponine ou Laïs ! Monstres brisés, bossus
Ou tordus, aimons-les ! ce sont encor des âmes.
Sous des jupons troués et sous de froids tissus

Ils rampent, flagellés par les bises iniques,
Frémissant au fracas roulant des omnibus,
Et serrant sur leur flanc, ainsi que des reliques,
Un petit sac brodé de fleurs ou de rébus ;

Ils trottent, tout pareils à des marionnettes ;
Se traînent, comme font les animaux blessés,
Ou dansent, sans vouloir danser, pauvres sonnettes
Où se pend un Démon sans pitié ! Tout cassés

Qu'ils sont, ils ont des yeux perçants comme une vrille,
Luisants comme ces trous où l'eau dort dans la nuit ;
Ils ont les yeux divins de la petite fille
Qui s'étonne et qui rit à tout ce qui reluit.

– Avez-vous observé que maints cercueils de vieilles
Sont presque aussi petits que celui d'un enfant ?
La Mort savante met dans ces bières pareilles
Un symbole d'un goût bizarre et captivant,

Et lorsque j'entrevois un fantôme débile
Traversant de Paris le fourmillant tableau,
Il me semble toujours que cet être fragile
S'en va tout doucement vers un nouveau berceau ;

A moins que, méditant sur la géométrie,
Je ne cherche, à l'aspect de ces membres discords,
Combien de fois il faut que l'ouvrier varie
La forme de la boîte où l'on met tous ces corps.

– Ces yeux sont des puits faits d'un million de larmes,
Des creusets qu'un métal refroidi pailleta...
Ces yeux mystérieux ont d'invincibles charmes
Pour celui que l'austère Infortune allaita !

III

Ah ! que j'en ai suivi de ces petites vieilles !
Une, entre autres, à l'heure où le soleil tombant
Ensanglante le ciel de blessures vermeilles,
Pensive, s'asseyait à l'écart sur un banc,

Pour entendre un de ces concerts, riches de cuivre,
Dont les soldats parfois inondent nos jardins,
Et qui, dans ces soirs d'or où l'on se sent revivre,
Versent quelque héroïsme au cœur des citadins.

Celle-là, droite encor, fière et sentant la règle,
Humait avidement ce chant vif et guerrier ;
Son œil parfois s'ouvrait comme l'œil d'un vieil aigle ;
Son front de marbre avait l'air fait pour le laurier !

IV

Telles vous cheminez, stoïques et sans plaintes,
A travers le chaos des vivantes cités,
Mères au cœur saignant, courtisanes ou saintes,
Dont autrefois les noms par tous étaient cités.

Vous qui fûtes la grâce ou qui fûtes la gloire,
Nul ne vous reconnaît ! Un ivrogne incivil
Vous insulte en passant d'un amour dérisoire ;
Sur vos talons gambade un enfant lâche et vil.

Honteuses d'exister, ombres ratatinées,
Peureuses, le dos bas, vous côtoyez les murs ;
Et nul ne vous salue, étranges destinées !
Débris d'humanité pour l'éternité mûrs !

Mais moi, moi qui de loin tendrement vous surveille,
L'œil inquiet, fixé sur vos pas incertains,
Tout comme si j'étais votre père, ô merveille !
Je goûte à votre insu des plaisirs clandestins :

Je vois s'épanouir vos passions novices ;
Sombres ou lumineux, je vis vos jours perdus ;
Mon cœur multiplié jouit de tous vos vices !
Mon âme resplendit de toutes vos vertus !

Ruines ! ma famille ! ô cerveaux congénères !
Je vous fais chaque soir un solennel adieu !
Où serez-vous demain, Èves octogénaires,
Sur qui pèse la griffe effroyable de Dieu ?

(*Les Fleurs du mal*, 1857)

PAUL MORAND

1888-1976

TÊTE DE TROUPEAU

Voici le paradis des vieux,
des plus habiles, des plus résistants,
de ceux qui signent en pattes de mouche,
mais tout de même qui signent,
et qui ont la confiance de la maison
MOTIONS CADUQUES
camarades de promotion
Les vieux de France vont en voiture
enroulés dans des couvertures.
Ils arrêtent la vie avec leur poing tremblant
et la vie s'arrête,
et l'argent se fige dans les coffres-forts,
et autour des cous plats gonflés de paraffine,
se meurent les colliers de perles.
(Le corail va si bien aux jeunes filles.)
Ce que les vieillards croient un pardessus
est leur cercueil.
Il faut qu'ils se décident à nous laisser leur fermer les yeux,
et les y étendre,
avec leur parapluie et leur expérience,
s'ils veulent pouvoir encore compter
sur notre politesse.
Arche de Napoléon,
terre des reprises et des rechutes,
banc de square, agence de retraites,
Notre-Dame du bézigue,
asile du raccommodage, de la honteuse épargne

et de l'avancement à l'ancienneté,
beau verger, vas-tu laisser tomber
tes vieux, logés dans les arbres fruitiers
et qui sont mûrs ?

(*Feuilles de température*, 1925)

MAURICE DONNAY

1859-1945

LES VIEUX MESSIEURS

Plus laids que des prêtres bouddhistes,
Ils s'en vont suivant les modistes
Avec des airs astucieux,
Les vieux Messieurs.

Cacochymes et rachitiques,
Ils s'en vont le long des boutiques,
Lorgnant les trottins vicieux,
Les vieux Messieurs.

Sur le galbe exquis de leurs jambes,
Ils leur chantent des dithyrambes
Superlificoquentieux,
Les vieux Messieurs.

Et les petites, dans ces rôles
D'amoureux, les trouvent rien drôles
Et pas du tout délicieux,
Les vieux Messieurs.

Mais comme ils offrent des toilettes
Claires, soupers fins, des galettes
Folles, des bijoux précieux,
Les vieux Messieurs,

Elles prêtent, d'un air modeste,
L'oreille et même tout le reste
De leur petit corps gracieux
Aux vieux Messieurs.

Il faut beaucoup d'intelligence :
Ils sont d'une grande exigence,
Et surtout très minutieux,
Les vieux Messieurs.

Ces bons vieillards aux faces blêmes
Veulent être aimés pour eux-mêmes ;
Ils sont vraiment ambitieux,
Les vieux Messieurs.

D'autant que leur force amoindrie
Ne leur permet plus la série :
Les excès sont pernicieux
Aux vieux Messieurs.

Au bois de lit cueillant la fraise,
Une fois, oui ; mais jamais treize,
Car ils sont superstitieux,
Les vieux Messieurs !

Et si, dans les bras d'Eudoxie,
Ils meurent d'une apoplexie,
Dieu, vieux monsieur, reçoit aux cieux
Les vieux Messieurs.

(*L'Esprit de Maurice Donnay,* 1926)

LUC BÉRIMONT

1913-1983

PERSONNE N'A BESOIN DE TOI

Personne n'a besoin de toi
On est trop nombreux
Tu encombres

On sait à présent piluler
Avorter
Réguler l'espèce

Toi, qui as franchi le torrent
Malgré le filtre des chimies
Souviens-toi que tu vis en fraude

Tu n'as pas à revendiquer
Pas à te vanter d'être au monde

Sois humble
Obscur
Et très poli

Tu es toléré
On t'observe

(*Reprise du récit,* 1983)

ANDRÉ FRÉDÉRIQUE

1915-1957

A LA GLOIRE DES VIEILLES PERSONNES

Il n'y a pas lieu de tolérer d'autres
grand-mères qu'en fichu
de très vieilles dames
aux articulations gonflées
aux doigts tordus
que la paralysie cloue
sur des fauteuils de reps
avec, à hauteur de tête
une dentelle à gros point
représentant des joueurs de viole
De telles personnes
je ne les veux point fumant
ni lisant d'autres publications
que les veillées des chaumières
ni ayant pris plaisir
à des spectacles ou des foires
sinon autrefois (jadis, dans les temps)
à des bals priés
dans les locaux de l'administration municipale
Ces vieilles, nos grand-mères
les grand-mères de tout un chacun
puisque tel les salue qui n'est
pas de leur sang d'un
« Bonjour grand-mère »
les facteurs, ceux qui portent en ville
et entrent dans la pièce commune
ont loisir de contempler devant l'âtre
le vieux profil (pas ragoûtant) de celle qui s'y chauffe

et qui n'a d'autre joie (hélas !)
que de voir danser dans le feu (loin sont les bals)
la flamme rouge
tantôt jaune, tantôt verte
s'il y a de la poudre de cuivre
tant est qu'il puisse s'en glisser
dans un foyer
(quelquefois le fils travaille
dans les poudres, les minerais
ou même le bâtiment)
La vieille répond
une heure après
économe de sa voix
qui chevrote
et de sa mémoire
qui mélange tout
« Bonjour untel »
(Ici le nom de celui
qui porte le courrier
ou la commande)
...
et puis meurt vite
Il n'y a pas lieu de tolérer qu'elle meure autrement.

(*Histoires blanches*, 1945)

IV

AMOURS

Même vieux, l'amour fait courir le monde.

Le temps ne fait rien à l'affaire, l'amour n'a pas d'âge.

Séduire encore et toujours garde jeune : c'est le sujet des premières poésies de ce chapitre. Le galant même vieux peut être toujours vert.

L'éloge de la fidélité, du vieux couple, de l'attachement (même à un vieil habit) a été fait par beaucoup.

Figurent ensuite un groupe de pièces d'un style particulier : les stances, longues tirades déclaratives qui demandent presque à être déclamées.

Pour terminer, des extraits de deux tragédies de Corneille qui traitent de notre sujet.

ROBERT MÉLOT DU DY

1891-1956

PAROLES SAGES, POUR MA FÊTE

Puisque c'est aujourd'hui ma fête
(une année de plus, une année de moins),
Amour, je veux que tu me souhaites
la caresse, longtemps, de tes mains.

Caresse d'amante et puis maternelle,
je veux que tes mains me conduisent,
longtemps me conduisent,
de clarté vieillie en clarté nouvelle.

Afin qu'ainsi je m'achemine
(moins jeune encor, plus jeune encor...)
vers la clarté la plus divine –

Afin qu'ainsi je m'achemine
(moins jeune encor, plus jeune encor...)
vers l'enfance éternelle de la mort.

(*L'Idole portative,* 1919)

MARCEL BÉGUEY

1911-1990

VOICI BIENTÔT VENIR LES JOURS...

Voici bientôt venir les jours
Où le sourire des amours
Ne sera plus qu'une grimace.

Voici bientôt venir le temps
Où des beaux désirs exaltants
Tu chercheras en vain la trace.

Des folles heures d'autrefois
Tristement sonnera la voix
Comme un cri d'enfant qui se noie.

Mais qu'importe ! si, dans ton cœur,
Dépliant ses ailes de soie,
S'attarde et brille pour ta joie

L'étoile d'un ancien bonheur.

(*Le Collier d'Antigone*, 1988)

CLÉMENT MAROT

1496-1544

DE SOI-MÊME

De soi-même

Plus ne suis ce que j'ai été,
Et plus ne saurais jamais l'être.
Mon beau printemps et mon été
Ont fait le saut par la fenêtre.

Amour, tu as été mon maître,
Je t'ai servi sur tous les Dieux.
Ah si je pouvais deux fois naître,
Comme je te servirais mieux !

Réponse au précédent

Ne menez plus tel déconfort :
Jeunes ans sont petites pertes ;
Votre âge est plus mûr et plus fort
Que ces jeunesses mal expertes.
Boutons serrés, roses ouvertes,
Se passent trop légèrement ;
Mais du rosier les feuilles vertes
Durent beaucoup plus longuement.

Sur le même propos

Pourquoi voulez-vous tant durer,
Ou renaître en fleurissant âge ?
Pour pécher et pour endurer ?
Y trouvez-vous tant d'avantage ?
Certes, celui n'est pas bien sage
Qui quiert deux fois être frappé,
Et veut repasser un passage
Dont il est à peine échappé.

(*Poésies*, 1532)

ÉMILE VERHAEREN

1855-1916

LES BAISERS MORTS DES DÉFUNTES ANNÉES

Les baisers morts des défuntes années
Ont mis leur sceau sur ton visage,
Et, sous le vent morne et rugueux de l'âge,
Bien des roses, parmi tes traits, se sont fanées.

Je ne vois plus ta bouche et tes grands yeux
Luire comme un matin de fête,
Ni, lentement, se reposer ta tête
Dans le jardin massif et noir de tes cheveux.

Tes mains chères qui demeurent si douces
Ne viennent plus comme autrefois,
Avec de la lumière au bout des doigts,
Me caresser le front, comme une aube les mousses.

Ta chair jeune et belle, ta chair
Que je parais de mes pensées,
N'a plus sa fraîcheur pure de rosée,
Et tes bras ne sont plus pareils aux rameaux clairs.

Tout tombe, hélas ! et se fane sans cesse ;
Tout est changé, même ta voix,
Ton corps s'est affaissé comme un pavois,
Pour laisser choir les victoires de la jeunesse.

Mais néanmoins, mon cœur ferme et fervent te dit :
Que m'importent les deuils mornes et engourdis,
Puisque je sais que rien au monde
Ne troublera jamais notre être exalté
Et que notre âme est trop profonde
Pour que l'amour dépende encor de la beauté.

(*Les Heures d'après-midi,* 1912)

GÉRARD LE GOUIC

Né en 1936

SERAIENT-CE LES FATIGUES...

Seraient-ce les fatigues, les rides
qui balisent ma descente en lacet
dans l'entonnoir du temps ?

Seraient-ce mes amis en allés
en confiant dans la pierre
leurs dates comme un code postal ?

Ce sont d'abord les femmes
autrefois aimées
qui perdent avec mon inclination
leurs couleurs de fruits et de rosée.

J'entends encore leurs rires sur l'herbe,
leurs chuchotements sous les fougères,
je conserve sur les lèvres
leur goût d'airelle et de noisette,

mais quand je les rencontre
je les regarde à la dérobée
pour lire entre leurs rides naissantes
comment je consomme moi-même le silence.

(*Le Guetteur sans consignes,* 1990)

ROSEMONDE GÉRARD

1871-1933

L'ÉTERNELLE CHANSON

Lorsque tu seras vieux et que je serai vieille,
Lorsque mes cheveux blonds seront des cheveux blancs,
Au mois de mai, dans le jardin qui s'ensoleille,
Nous irons réchauffer nos vieux membres tremblants.
Comme le renouveau mettra nos cœurs en fête,
Nous nous croirons encore de jeunes amoureux,
Et je te sourirai tout en branlant la tête,
Et nous ferons un couple adorable de vieux.
Nous nous regarderons, assis sous notre treille,
Avec de petits yeux attendris et brillants,
Lorsque tu seras vieux et que je serai vieille,
Lorsque mes cheveux blonds seront des cheveux blancs.

Sur notre banc ami, tout verdâtre de mousse,
Sur le banc d'autrefois nous reviendrons causer,
Nous aurons une joie attendrie et très douce,
La phrase finissant toujours par un baiser.
Combien de fois jadis j'ai pu dire « Je t'aime » ?
Alors avec grand soin nous le recompterons.
Nous nous ressouviendrons de mille choses, même
De petits riens exquis dont nous radoterons.
Un rayon descendra, d'une caresse douce,
Parmi nos cheveux blancs, tout rose, se poser,
Quand sur notre vieux banc tout verdâtre de mousse,
Sur le banc d'autrefois nous reviendrons causer.

Et comme chaque jour je t'aime davantage,
Aujourd'hui plus qu'hier et bien moins que demain,

Qu'importeront alors les rides du visage ?
Mon amour se fera plus grave – et serein.
Songe que tous les jours des souvenirs s'entassent,
Mes souvenirs à moi seront aussi les tiens.
Ces communs souvenirs toujours plus nous enlacent
Et sans cesse entre nous tissent d'autres liens.
C'est vrai, nous serons vieux, très vieux, faiblis par l'âge,
Mais plus fort chaque jour je serrerai ta main
Car vois-tu chaque jour je t'aime davantage,
Aujourd'hui plus qu'hier et bien moins que demain.

Et de ce cher amour qui passe comme un rêve,
Je veux tout conserver dans le fond de mon cœur,
Retenir s'il se peut l'impression trop brève
Pour la ressavourer plus tard avec lenteur.
J'enfouis tout ce qui vient de lui comme un avare,
Thésaurisant avec ardeur pour mes vieux jours ;
Je serai riche alors d'une richesse rare :
J'aurai gardé tout l'or de mes jeunes amours !
Ainsi de ce passé de bonheur qui s'achève,
Ma mémoire parfois me rendra la douceur ;
Et de ce cher amour qui passe comme un rêve
J'aurai tout conservé dans le fond de mon cœur.

Lorsque tu seras vieux et que je serai vieille,
Lorsque mes cheveux blonds seront des cheveux blancs,
Au mois de mai, dans le jardin qui s'ensoleille,
Nous irons réchauffer nos vieux membres tremblants.
Comme le renouveau mettra nos cœurs en fête,
Nous nous croirons encore aux jours heureux d'antan,
Et je te sourirai tout en branlant la tête
Et tu me parleras d'amour en chevrotant.
Nous nous regarderons, assis sous notre treille,
Avec de petits yeux attendris et brillants,
Lorsque tu seras vieux et que je serai vieille
Lorsque mes cheveux blonds seront des cheveux blancs.

STANISLAS DE BOUFFLERS

1738-1815

VERS DE LA PART D'UNE DAME QUI ENVOYAIT DE SES CHEVEUX BLANCS À UN AMI

Les voilà, ces cheveux que le temps a blanchis !
D'une longue union ils sont aussi le gage,
Je ne regrette rien de ce que m'ôta l'âge :
Il m'a laissé de vrais amis.
On m'aime presque autant, j'ose aimer davantage.
L'astre de l'amitié luit dans l'hiver des ans ;
Elle est le fruit du goût, de l'estime, du temps ;
On ne s'y méprend plus, on cède à son empire,
Et l'on joint, sous les cheveux blancs,
Au charme de s'aimer le droit de se le dire.

(*Poésies*, 1782)

ROGER BODART
1910-1973

LA VIE EST QUOTIDIENNE

En vain bourgeonnez printemps
En vain souriez pucelle
Je ne danse qu'avec celle
Que j'aime depuis vingt ans

Avec elle je fus jeune
Avec elle j'ai vieilli
J'ai connu tous les pays
Le mercredi où l'on jeûne
Après le dansant mardi

Aujourd'hui vient Pentecôte
Et le tendre côte à côte
Qui ne finira jamais

Plantez le bouleau de mai
Ou gaulez les noix d'automne
Ou faites saigner mignonne
Le raisin entre vos dents
Ce sera en vain pucelle
Je ne danse qu'avec celle
Que j'aime depuis vingt ans.

(*La Tapisserie de Pénélope*, 1945)

GUY DUCHÊNE

Contemporain

LE VIEUX

Il a des cheveux blancs, ressent des maux confus.
On ne retrouve rien du bon vivant qu'il fut.
Où est le boute-en-train, le plaisant joyeux drille
Qui naguère animait les fêtes de famille ?
De pesants souvenirs lui inclinent la tête ;
Ses épaules tassées brisent sa silhouette,
Témoignant d'un passé usant et tourmenté.
Il sait que l'on ne peut être et avoir été.
Il va au gré du temps, solitaire et tranquille,
Rêveur, indifférent aux rumeurs de la ville,
Fuyant ce monde empli d'intrigues et de fiel.
Bien qu'athée son regard parfois sonde le ciel
Quand il songe à de chères âmes disparues,
Mais ses yeux fatigués se perdent dans les nues.
Si certaines rancœurs lui chagrinent l'esprit,
Ne pensez surtout pas au misanthrope aigri :
Il est dans son jardin le plus heureux des hommes.
Ses légumes, ses fleurs, il les soigne tout comme
Une mère attentive dorlote ses enfants.
Il ne sent plus peser sur lui le poids des ans.
Quand viennent les beaux jours et que le soleil brille,
Il sait qu'il va revoir sa petite famille,
Ces oiseaux envolés chacun vers son destin,
Et qui ont fait leur nid dans des pays lointains.
Il pense à l'avenir de sa progéniture :
Inquiet, il a peur des époques futures,
Il a tant vu de choses qu'il ne voudrait revoir...
Quand sa tâche est finie et qu'il rentre le soir,

Dans la maison bien chaude qui sent bon la soupe
Et la tarte Tatin que sa femme découpe,
Il goûte le bonheur de vivre encore à deux.
Car plus d'un demi-siècle unit ce couple heureux.

(1992)

GEORGES BRASSENS

1921-1981

SATURNE

Il est morne il est taciturne
Il préside aux choses du temps
Il porte un joli nom Saturne
Mais c'est un dieu fort inquiétant

En allant son chemin morose
Pour se désennuyer un peu
Il joue à basculer les roses
Le temps tue le temps comme il peut

Cette saison c'est toi ma belle
Qui as fait les frais de son jeu
Toi qui as payé la gabelle
Un grain de sel dans tes cheveux

C'est pas vilain les fleurs d'automne
Et tous les poètes l'ont dit
Je te regarde et je te donne
Mon billet qu'ils n'ont pas menti

Viens encor viens ma favorite
Descendons ensemble au jardin
Viens effeuiller la marguerite
De l'été de la Saint-Martin

Je sais par cœur toutes tes grâces
Et pour me les faire oublier
Il faudra que Saturne en fasse
Des tours d'horloge de sablier

Et la petit' pisseus' d'en face
Peut bien aller se rhabiller.

(1962)

PIERRE-JEAN DE BÉRANGER

1780-1857

MON HABIT

Sois-moi fidèle, ô pauvre habit que j'aime !
Ensemble nous devenons vieux.
Depuis dix ans, je te brosse moi-même,
Et Socrate n'eut pas fait mieux.
Quand le sort à ta mince étoffe
Livrerait de nouveaux combats,
Imite-moi, résiste en philosophe :
Mon vieil ami, ne nous séparons pas.

Je me souviens, car j'ai bonne mémoire,
Du premier jour où je te mis.
C'était ma fête, et pour comble de gloire,
Tu fus chanté par mes amis ;
Ton indigence, qui m'honore,
Ne m'a point banni de leurs bras.
Tous ils sont prêts à nous fêter encore :
Mon vieil ami, ne nous séparons pas.

A ton revers, j'admire une reprise :
c'est encore un doux souvenir.
Feignant un soir de fuir la tendre Lise,
Je sens sa main me retenir.
On te déchire, et cet outrage
Auprès d'elle enchaîne mes pas.
Lisette a mis deux jours à tant d'ouvrage :
Mon vieil ami, ne nous séparons pas.

Y'ai-je imprégné des flots de musc et d'ambre
qu'un fat exhale en se mirant !
M'a-t-on jamais vu dans une antichambre
T'exposer au mépris d'un grand ?
Pour des rubans, la France entière
Fut en proie à de longs débats.
La fleur des champs brille à ta boutonnière :
Mon vieil ami, ne nous séparons pas.

Ne crains plus tant ces jours de courses vaines
Où notre destin fut pareil :
Ces jours mêlés de plaisirs et de peines,
Mêlés de pluie et de soleil.
Je dois bientôt, il me le semble,
Mettre pour jamais habit bas.
Attends un peu ; nous finirons ensemble :
Mon vieil ami, ne nous séparons pas.

(*Œuvres*, II, 111, 1819)

DUC DE NIVERNAIS

1716-1798

LE SIGISBÉE OCTOGÉNAIRE

En m'apprêtant au grand voyage
Qu'annoncent mes quatre-vingts ans,
De mes plus secrets sentiments
Je vous offre un dernier hommage.

Des remords et du désespoir
J'ignore la cruelle atteinte :
Je passerai le fleuve noir
Sans repentir comme sans crainte.

Mais hélas ! ce séjour si doux,
Comment peut-il me satisfaire ?
Rien ne m'y manquera que vous,
Et sans vous rien ne peut me plaire.

Les belles, les héros, les rois,
Hôtes de cette heureuse rive,
Verront pour la première fois
Une ombre inquiète et plaintive.

Chacun d'eux me demandera
D'où vient ma tristesse profonde,
Et chacun la partagera
Quand on vous saura dans le monde.

Vous les verrez tous, à ma voix,
Amants de votre renommée,
Pour aller vivre sous vos lois
Prêts à déserter l'Élysée.

Mais peut-être ils voudront savoir
Quel prix le don de ma franchise
De votre cœur put recevoir :
Que voulez-vous que je leur dise ?

(*Œuvres diverses et mélanges,* 1796)

VOLTAIRE

1694-1778

À MADAME DU CHÂTELET

Si vous voulez que j'aime encore,
Rendez-moi l'âge des amours ;
Au crépuscule de mes jours
Rejoignez, s'il se peut, l'aurore.

Des beaux lieux où le dieu du vin
Avec l'Amour tient son empire,
Le Temps, qui me prend par la main,
M'avertit que je me retire.

De son inflexible rigueur
Tirons au moins quelque avantage.
Qui n'a pas l'esprit de son âge,
De son âge a tout le malheur.

Laissons à la belle jeunesse
Ses folâtres emportements :
Nous ne vivons que deux moments ;
Qu'il en soit un pour la sagesse.

Quoi ! pour toujours vous me fuyez,
Tendresse, illusion, folie,
Don du ciel, qui me consoliez
Des amertumes de la vie !

On meurt deux fois, je le vois bien :
Cessez d'aimer et d'être aimable,
C'est une mort insupportable ;
Cessez de vivre, ce n'est rien.

Ainsi je déplorais la perte
Des erreurs de mes premiers ans ;
Et mon âme aux désirs ouverte,
Regrettait ses égarements.

Du ciel alors daignant descendre,
L'Amitié vint à mon secours ;
Elle était peut-être aussi tendre,
Mais moins vive que les Amours.

Touché de sa beauté nouvelle,
Et de sa lumière éclairé,
Je la suivis ; mais je pleurai
De ne plus pouvoir suivre qu'elle.

(*Stances,* 1775)

PIERRE CORNEILLE

1606-1684

STANCES À MARQUISE DU PARC

Je sais mes cheveux gris, je sais que les années
Laissent peu de mérite aux âmes les mieux nées...

[...]
Que si dans mes beaux jours je parus supportable,
J'ai trop longtemps aimé pour être encore aimable ;
Et que d'un front ridé les replis jaunissant
Mêlent un triste charme aux plus dignes encens.

Marquise, si mon visage
A quelques traits un peu vieux,
Souvenez-vous qu'à mon âge
Vous ne vaudrez guère mieux.

Le temps aux plus belles choses
Se plaît à faire un affront,
Et saura faner vos roses
Comme il a ridé mon front.

Le même cours des planètes
Règle nos jours et nos nuits ;
On m'a vu ce que vous êtes ;
Vous serez ce que je suis.

Cependant j'ai quelques charmes
Qui sont assez éclatants,
Pour n'avoir pas trop d'alarmes
De ces ravages du temps.

Vous en avez qu'on adore,
Mais ceux que vous méprisez
Pourraient bien durer encore,
Quand ceux-là seront usés.

Ils pourront sauver la gloire
Des yeux qui me semblent doux,
Et dans mille ans faire croire
Ce qu'il me plaira de vous.

Chez cette race nouvelle
Où j'aurai quelque crédit,
Vous ne passerez pour belle
Qu'autant que je l'aurai dit.

Pensez-y, belle Marquise,
Quoiqu'un grison fasse effroi,
Il vaut bien qu'on le courtise
Quand il est fait comme moi.

Je suis vieux, belle Isis, c'est un mal incurable ;
De jour en jour il croît, d'heure en heure il accable ;
La mort seule en guérit : mais si de jour en jour
Il me rend plus mal propre à grossir votre cour
Je tire enfin ce fruit de ma décrépitude
Que je vous vois sans trouble et sans inquiétude.

(*Recueil de Sercy*, 1660)

TRISTAN BERNARD

1866-1947

RÉPONSE DE MARQUISE À CORNEILLE

Peut-être que je serai vieille,
Répond Marquise, cependant,
J'ai vingt-six ans, mon vieux Corneille,
Et je t'emmerde, en attendant.

FRANÇOIS MAYNARD

1582-1646

LA BELLE VIEILLE

Cloris, que dans mon cœur j'ai si souvent servie
Et que ma passion montre à tout l'Univers,
Ne veux-tu pas changer le destin de ma vie,
Et donner de beaux jours à mes derniers hivers !

N'oppose plus ton deuil au bonheur où j'aspire,
Ton visage est-il fait pour demeurer voilé ?
Sors de ta nuit funèbre, et permets que j'admire
Les divines clartés des Yeux qui m'ont brûlé.

Où s'enfuit ta Prudence acquise et naturelle ?
Qu'est-ce que ton Esprit a fait de sa vigueur ?
La folle vanité de paraître fidèle
Aux cendres d'un Jaloux, m'expose à ta rigueur.

Eusses-tu fait le vœu d'un éternel veuvage
Pour l'honneur du Mari que ton lit a perdu,
Et trouvé des Césars dans ton haut parentage,
Ton amour est un bien qui m'est justement dû.

Qu'on a vu revenir de malheurs et de joies !
Qu'on a vu trébucher de peuples et de Rois !
Qu'on a pleuré d'Hectors ! Qu'on a brûlé de Troies,
Depuis que mon courage a fléchi sous tes Lois !

Ce n'est pas d'aujourd'hui que je suis ta Conquête :
Huit Lustres ont suivi le jour que tu me pris ;
Et j'ai fidèlement aimé ta belle tête
Sous des cheveux châtains, et sous des cheveux gris.

C'est de tes jeunes yeux que mon ardeur est née ;
C'est de leurs premiers traits que je fus abattu :
Mais, tant que tu brûlas du flambeau d'Hyménée,
Mon Amour se cacha pour plaire à ta Vertu.

Je sais de quel respect il faut que je t'honore,
Et mes ressentiments ne l'ont pas violé.
Si quelquefois j'ai dit le soin qui me dévore,
C'est à des Confidents qui n'ont jamais parlé.

Pour adoucir l'aigreur des peines que j'endure,
Je me plains aux Rochers et demande conseil
A ces vieilles Forêts, dont l'épaisse verdure
Fait de si belles nuits en dépit du Soleil.

L'Ame pleine d'Amour et de Mélancolie,
Et couché sur des Fleurs et sous des Orangers,
J'ai montré ma blessure aux deux Mers d'Italie,
Et fait dire ton nom aux Échos étrangers.

Ce fleuve impérieux à qui tout fit hommage,
Et dont Neptune même endura le mépris,
A su qu'en mon esprit j'adorais ton Image,
Au lieu de chercher Rome en ces vastes débris.

Cloris, la passion que mon cœur t'a jurée
Ne trouve point d'exemple aux siècles les plus vieux.
Amour et la Nature admirent la durée
Du feu de mes désirs, et du feu de tes Yeux.

La beauté qui te suit depuis ton premier âge,
Au déclin de tes jours ne veut pas te laisser ;
Et le temps, orgueilleux d'avoir fait ton visage,
En conserve l'éclat, et craint de l'effacer.

Regarde sans frayeur la fin de toutes choses ;
Consulte le miroir avec des yeux contents :
On ne voit point tomber ni tes lis ni tes roses,
Et l'hiver de ta vie est ton second printemps.

Pour moi, je cède aux ans, et ma tête chenue
M'apprend qu'il faut quitter les hommes et le jour ;
Mon sang se refroidit ; ma force diminue ;
Et je serais sans feu si j'étais sans amour.

C'est dans peu de matins que je croîtrai le nombre
De ceux à qui la Parque a ravi la clarté.
Ô ! qu'on oyra souvent les plaintes de mon ombre
Accuser tes mépris de m'avoir maltraité.

Que feras-tu, Cloris, pour honorer ma cendre ?
Pourras-tu sans regret ouïr parler de moi ?
Et le mort, que tu plains, te pourra-t-il défendre
De blâmer ta rigueur, et de louer ma foi ?

Si je voyais la fin de l'âge qui te reste,
Ma raison tomberait sous l'excès de mon deuil :
Je pleurerais sans cesse un malheur si funeste ;
Et ferais, jour et nuit, l'amour à ton cercueil.

(*Œuvres,* 1644)

VOLTAIRE

1694-1778

STANCES À Mme LULLIN

Hé quoi ! vous êtes étonnée
Qu'au bout de quatre-vingts hivers
Ma muse faible et surannée
Puisse encor fredonner des vers ?

Quelquefois un peu de verdure
Rit sous les glaçons de nos champs ;
Elle console la nature,
Mais elle sèche en peu de temps.

Un oiseau peut se faire entendre
Après la saison des beaux jours ;
Mais sa voix n'a plus rien de tendre,
Il ne chante plus ses amours.

Ainsi, je touche encor ma lyre,
Qui n'obéit plus à mes doigts ;
Ainsi, j'essaye encor ma voix
Au moment même qu'elle expire.

« Je veux dans mes derniers adieux,
Disait Tibulle à son amante,
Attacher mes yeux sur tes yeux,
Te presser de ma main mourante. »

Mais quand on sent qu'on va passer,
Quand l'âme fuit avec la vie,
A-t-on des yeux pour voir Délie,
Et des mains pour la caresser ?

Dans ces moments chacun oublie
Tout ce qu'il a fait en santé.
Quel mortel s'est jamais flatté
D'un rendez-vous à l'agonie ?

Délie elle-même à son tour
S'en va dans la nuit éternelle,
En oubliant qu'elle fut belle,
Et qu'elle a vécu pour l'amour.

Nous naissons, nous vivons, bergère,
Nous mourrons, sans savoir comment ;
Chacun est parti du néant :
Où va-t-il ?... Dieu le sait, ma chère.

(*Stances,* 1775)

HONORAT DE BUEIL, SEIGNEUR DE RACAN

1589-1670

STANCES À THIRSIS

Thirsis, il faut penser à faire la retraite :
La course de nos jours est plus qu'à demi faite.
L'âge insensiblement nous conduit à la mort.
Nous avons assez vu sur la mer de ce monde
Errer au gré des flots notre nef vagabonde ;
Il est temps de jouir des délices du port.

Le bien de la fortune est un bien périssable ;
Quand on bâtit sur elle on bâtit sur le sable.
Plus on est élevé, plus on court de dangers :
Les grands pins sont en butte aux coups de la tempête
Et la rage des vents brise plutôt le faîte
Des maisons de nos rois que les toits des bergers.

Ô bienheureux celui qui peut de sa mémoire
Effacer pour jamais ce vain espoir de gloire
Dont l'inutile soin traverse nos plaisirs,
Et qui, loin, retiré de la foule importune,
Vivant dans sa maison content de sa fortune,
A selon son pouvoir mesuré ses désirs.

Il laboure le champ que labourait son père ;
Il ne s'informe point de ce qu'on délibère
Dans ces graves conseils d'affaires accablés ;
Il voit sans intérêt la mer grosse d'orages,
Et n'observe des vents les sinistres présages
Que pour le soin qu'il a du salut de ses blés.

Roi des passions, il a ce qu'il désire,
Son fertile domaine est son petit empire ;
Sa cabane est son Louvre et son Fontainebleau ;
Ses champs et ses jardins sont autant de provinces,
Et sans porter envie à la pompe des princes,
Se contente chez lui de les voir en tableau.

Il voit de toute part combler d'heur sa famille,
La javelle à plein poing tomber sous la faucille,
Le vendangeur ployer sous le faix des paniers ;
Et semble qu'à l'envi les fertiles montagnes,
Les humides vallons et les grasses campagnes
S'efforcent à remplir sa cave et ses greniers.

Il suit aucunes fois un cerf par les foulées,
Dans ces vieilles forêts du peuple reculées
Et qui même du jour ignorent le flambeau ;
Aucunes fois des chiens il suit les voix confuses
Et voit enfin le lièvre, après toutes ses ruses,
Du lieu de sa naissance en faire son tombeau.

Tantôt il se promène au long des fontaines,
De qui les petits flots font luire dans les plaines
L'argent de leurs ruisseaux parmi l'or des moissons ;
Tantôt il se repose avecque les bergères
Sur des lits naturels de mousse et de fougères,
Qui n'ont d'autres rideaux que l'ombre des buissons.

Il soupire en repos l'ennui de sa vieillesse
Dans ce même foyer où sa tendre jeunesse
A vu dans le berceau ses bras emmaillotés.
Il tient par les moissons registre des années,
Et voit de temps en temps, leurs courses enchaînées,
Vieillir avecque lui les bois qu'il a plantés.

Il ne va point fouiller aux terres inconnues,
A la merci des vents et des ondes chenues,
Ce que nature avare a caché de trésors,

Et ne recherche point, pour honorer sa vie,
De plus illustre mort ni plus digne d'envie
Que de mourir au lit où ses pères sont morts.

Il contemple du port les insolentes rages
Des vents de la faveur, auteurs de nos orages,
Allumer des mutins les desseins factieux,
Et voit en un clin d'œil, par un contraire échange,
L'un déchiré du peuple au milieu de la fange,
Et l'autre en même temps élevé dans les cieux.

S'il ne possède point ces maisons magnifiques,
Ces tours, ces chapiteaux, ces superbes portiques,
Où la magnificence étale ses attraits,
Il jouit des beautés qu'ont les saisons nouvelles,
Il voit de la verdure et des fleurs naturelles
Qu'en ces riches lambris l'on ne voit qu'en portraits.

Crois-moi, retirons-nous hors de la multitude
Et vivons désormais loin de la servitude
De ces palais dorés où tout le monde accourt.
Sous un chêne élevé, les arbrisseaux s'ennuient
Et devant le soleil tous les astres s'enfuient
De peur d'être obligés de lui faire la cour.

Après qu'on a suivi sans aucune assurance
Cette vaine faveur qui nous paît d'espérance,
L'envie en un moment tous nos desseins détruit.
Ce n'est qu'une fumée, il n'est rien de si frêle ;
Sa plus belle moisson est sujette à la grêle
Et souvent elle n'a que des fleurs pour du fruit.

Agréables déserts, séjour de l'innocence,
Où, loin des vanités, de la magnificence,
Commence mon repos et finit mon tourment,
Vallons, fleuves, rochers, plaisante solitude,
Si vous fûtes témoins de mon inquiétude,
Soyez-le désormais de mon contentement.

(*Stances sur la retraite*, 1618)

MATHURIN RÉGNIER

1573-1613

QUAND SUR MOI JE JETTE LES YEUX

Quand sur moi je jette les yeux,
À trente ans me voyant tout vieux,
Mon cœur de frayeur diminue :
Étant vieilli dans un moment,
Je ne puis dire seulement
Que ma jeunesse est devenue.

Du berceau courant au cercueil,
Le jour se dérobe à mon œil,
Mes sens troublés s'évanouissent.
Les hommes sont comme des fleurs
Qui naissent et vivent en pleurs,
Et d'heure en heure se fanissent.

Leur âge à l'instant écoulé,
Comme un trait qui s'est envolé,
Ne laisse après soi nulle marque ;
Et leur nom si fameux ici,
Sitôt qu'ils sont morts, meurt aussi,
Du pauvre autant que du Monarque.

Naguère, vert, sain et puissant,
Comme un aubépin florissant,
Mon printemps était délectable.
Les plaisirs logeaient en mon sein ;
Et lors était tout mon dessein
Du jeu d'Amour et de la table.

Mais, las ! mon sort est bien tourné ;
Mon âge en un rien s'est borné,

Faible languit mon espérance :
En une nuit, à mon malheur,
De la joie et de la douleur
J'ai bien appris la différence !

La douleur aux traits vénéneux,
Comme d'un habit épineux
Me ceint d'une horrible torture.
Mes beaux jours sont changés en nuits ;
Et mon cœur tout flétri d'ennuis
N'attend plus que la sépulture.

Enivré de cent maux divers,
Je chancelle et vais de travers.
Tant mon âme en regorge pleine,
J'en ai l'esprit tout hébété,
Et, si peu qui m'en est resté,
Encor me fait-il de la peine.

La mémoire du temps passé,
Que j'ai follement dépensé,
Épand du fiel en mes ulcères :
Si peu que j'ai de jugement,
Semble animer mon sentiment,
Me rendant plus vif aux misères.

Ha ! pitoyable souvenir !
Enfin, que dois-je devenir ?
Où se réduira ma constance ?
Étant jà défailli de cœur,
Qui me don'ra de la vigueur,
Pour durer en la pénitence ?

Qu'est-ce de moi ? faible est ma main,
Mon courage, hélas ! est humain,
Je ne suis de fer ni de pierre ;
En mes maux montre-toi plus doux ;
Seigneur ; aux traits de ton courroux
Je suis plus fragile que verre.

Je ne suis à tes yeux, sinon
Qu'un fétu sans force et sans nom,
Qu'un hibou qui n'ose paraître ;
Qu'un fantôme ici-bas errant,
Qu'une orde écume de torrent,
Qui semble fondre avant que naître.

Où toi tu peux faire trembler
L'Univers, et désassembler
Du Firmament le riche ouvrage ;
Tarir les flots audacieux,
Ou, les élevant jusqu'aux Cieux,
Faire de la Terre un naufrage.

Le Soleil fléchit devant toi,
De toi les Astres prennent loi,
Tout fait joug dessous ta parole,
Et cependant tu vas dardant
Dessus moi ton courroux ardent,
Qui ne suis qu'un bourrier qui vole.

Mais quoi ! si je suis imparfait,
Pour me défaire m'as-tu fait ?
Ne sois aux pécheurs si sévère.
Je suis homme, et toi Dieu Clément :
Sois donc plus doux au châtiment,
Et punis les tiens comme Père.

J'ai l'œil scellé d'un sceau de fer ;
Et déjà les portes d'enfer
Semblent s'entrouvrir pour me prendre :
Mais encore, par ta bonté,
Si tu m'as ôté la santé,
Ô Seigneur, tu me la peux rendre.

Le tronc de branches dévêtu,
Par une secrète vertu
Se rendant fertile en sa perte,

De rejetons espère un jour
Ombrager les lieux d'alentour,
Reprenant sa perruque verte.

Où l'homme, en la fosse couché,
Après que la mort l'a touché,
Le cœur est mort comme l'écorce ;
Encor l'eau reverdit le bois,
Mais, l'homme étant mort une fois,
Les pleurs pour lui n'ont plus de force.

(*Poésies spirituelles*, Œuvres posthumes)

PIERRE CORNEILLE

1606-1684

SERTORIUS

(extraits)

Acte I, Scène II,

[...]

SERTORIUS

Il faut donc, Perpenna, vous faire confidence
Et de ce que je crains, et de ce que je pense.
J'aime ailleurs. A mon âge il sied si mal d'aimer,
Que je le cache même à qui m'a su charmer :
Mais tel que je puis être, on m'aime ou, pour mieux dire,
La reine Viriate à mon hymen aspire.

Acte II, Scène I

[...]

THAMIRE

Madame, en ce Héros tout est illustre et grand,
Mais à parler sans fard, votre amour me surprend.
Il est assez nouveau qu'un homme de son âge
Ait des charmes si forts pour un jeune courage,
Et que d'un front ridé les replis jaunissants
Trouvent l'heureux secret de captiver les sens.

VIRIATE

Ce ne sont pas les sens que mon amour consulte,
Il hait des passions l'impétueux tumulte,
Et son feu que j'attache aux soins de ma grandeur,

Dédaigne tout mélange avec leur folle ardeur.
J'aime en Sertorius ce grand art de la guerre
Qui soutient un banni contre toute la Terre,
J'aime en lui ces cheveux tout couverts de lauriers,
Ce front qui fait trembler les plus braves guerriers,
Ce bras qui semble avoir la victoire en partage :
L'amour de la vertu n'a jamais d'yeux pour l'âge,
Le mérite a toujours des charmes éclatants,
Et quiconque peut tout, est aimable en tout temps.
[...]

THAMIRE

Je n'ose rien vous dire après cet avantage,
Et voudrais comme vous faire grâce à son âge ;
Mais enfin ce Héros sujet au cours des ans
A trop longtemps vaincu pour vaincre encor longtemps,
Et sa mort...

VIRIATE

Jouissons, en dépit de l'envie,
Des restes glorieux de son illustre vie ;
Sa mort me laissera pour ma protection
La splendeur de son Ombre et l'éclat de son nom.
Sur ces deux grands appuis ma Couronne affermie
Ne redoutera point de puissance ennemie,
Ils feront plus pour moi, que ne feraient cent rois.
Mais nous en parlerons encor quelque autre fois,
Je l'aperçois qui vient.

Acte IV, Scène II,

[...]

SERTORIUS

Et c'est assez vous dire à quelle extrémité
Me réduit mon amour que j'ai mal écouté.
Bien qu'un si digne objet le rendît excusable,
J'ai cru honteux d'aimer quand on n'est plus aimable,

J'ai voulu m'en défendre à voir mes cheveux gris,
Et me suis répondu longtemps de vos mépris ;
Mais j'ai vu dans votre âme ensuite une autre idée
Sur qui mon espérance aussitôt s'est fondée,
Et je me suis promis bien plus qu'à tous vos Rois,
Quand j'ai vu que l'amour n'en ferait point le choix.
J'allais me déclarer sans l'offre d'Aristie.
Non que ma passion s'en soit vue ralentie ;
Mais je n'ai point douté qu'il ne fût d'un grand cœur
De tout sacrifier pour le commun bonheur.
L'amour de Perpenna s'est joint à ces pensées ;
Vous avez vu le reste, et mes raisons forcées.
Je m'étais figuré que de tels déplaisirs
Pourraient ne me coûter que deux ou trois soupirs,
Et, pour me consoler j'envisageais l'estime
Et d'ami généreux, et de chef magnanime :
Mais près d'un coup fatal, je sens par mes ennuis
Que je me promettais bien plus que je ne puis.
Je me rends donc, Madame, ordonnez de ma vie ;
Encor tout de nouveau je vous la sacrifie.
Aimez-vous Perpenna ?

(*Sertorius*, 1662)

PIERRE CORNEILLE

1606-1684

PULCHÉRIE

Acte I, Scène I,

[...]

PULCHÉRIE

Je n'en tiendrai pas moins tout ce que j'ai promis,
Vous avez mes souhaits, vous aurez mes amis,
De ceux de Martian vous aurez le suffrage ;
Il a, tout vieux qu'il est, plus de vertus que d'âge,
Et s'il briguait pour lui, ses glorieux travaux
Donneraient fort à craindre à vos plus grands rivaux.

LÉON

Notre empire, il est vrai, n'a point de plus grand homme,
Séparez-vous du rang, Madame, et je le nomme.
S'il me peut enlever celui de souverain,
Du moins je ne crains pas qu'il m'ôte votre main,
Ses vertus le pourraient mais je vois sa vieillesse.

PULCHÉRIE

Quoiqu'il en soit, pour vous ma bonté l'intéresse,
Il s'est plu sous mon frère à dépendre de moi,
Et je me viens encor d'assurer de sa foi.
Je vois entrer Irène ; Aspar la trouve belle,
Faites agir pour vous l'amour qu'il a pour elle,
Et comme en ce dessein rien n'est à négliger,
Voyez ce qu'une sœur vous pourra ménager.

Acte II, Scène I,

[...]

JUSTINE

A mon âge un soupir semble dire qu'on aime ;
Cependant vous avez soupiré tout de même,
Seigneur et si j'osais vous le dire à mon tour...

MARTIAN

Ce n'est point à mon âge à soupirer d'amour,
Je le sais, mais enfin chacun a sa faiblesse.
Aimerais-tu Léon ?

JUSTINE

Aimez-vous la princesse ?

MARTIAN

Oublie en ma faveur que tu l'as deviné,
Et démens un soupçon qu'un soupir t'a donné.
L'amour en mes pareils n'est jamais excusable,
Pour peu qu'on s'examine, on s'en tient méprisable,
On s'en hait ; et ce mal qu'on n'ose découvrir
Fait encor plus de peine à cacher, qu'à souffrir.
Mais t'en faire l'aveu, c'est n'en faire à personne ;
La part que le respect, que l'amitié t'y donne,
Et tout ce que le sang en attire sur toi,
T'imposent de le taire une éternelle loi.
J'aime, et depuis dix ans ma flamme et mon silence
Font à mon triste cœur égale violence :
J'écoute la raison, j'en goûte les avis,
Et les mieux écoutés sont le plus mal suivis.
Cent fois en moins d'un jour je guéris, et retombe ;
Cent fois je me révolte, et cent fois je succombe,
Tant ce calme forcé que j'étudie en vain,
Près d'un si rare objet s'évanouit soudain.

JUSTINE

Mais pourquoi lui donner vous-même la couronne,
Quant à ce cher Léon c'est donner sa personne ?

MARTIAN

Apprends que dans un âge usé comme le mien,
Qui n'ose souhaiter, ni même accepter rien,
L'amour hors d'intérêt s'attache à ce qu'il aime,
Et n'osant rien pour soi, le sert contre soi-même.

JUSTINE

N'ayant rien prétendu, de quoi soupirez-vous ?

MARTIAN

Pour ne prétendre rien on n'est pas moins jaloux,
Et ces désirs, qu'éteint le déclin de la vie,
N'empêchant pas de voir avec un œil d'envie,
Quand on est d'un mérite à pouvoir faire honneur,
Et qu'il faut qu'un autre âge emporte le bonheur.
Que le moindre retour vers nos belles années
Jette alors d'amertume en nos âmes gênées !
« Que n'ai-je vu le jour quelques lustres plus tard,
Disais-je, en ses bontés peut-être aurais-je part,
Si le Ciel n'opposait auprès de la Princesse
A l'excès de l'amour le manque de jeunesse.
De tant et tant de cœurs qu'il force à l'adorer,
Devais-je être le seul qui ne pût espérer ? »
J'aimais quand j'étais jeune, et ne déplaisais guère,
Quelquefois de soi-même on cherchait à me plaire,
Je pouvais aspirer au cœur le mieux placé.
Mais, hélas ! j'étais jeune, et ce temps est passé.
Le souvenir en tue, et l'on ne l'envisage
Qu'avec, s'il faut le dire, une espèce de rage :
On le repousse, on fait cent projets superflus,
Le trait qu'on porte au cœur s'enfonce d'autant plus,
Et ce feu, que de honte on s'obstine à contraindre,
Redouble par l'effort qu'on se fait pour l'éteindre.

JUSTINE

Instruit que vous étiez des maux que fait l'amour,
Vous en pouviez, Seigneur, empêcher le retour,
Contre toute sa ruse être mieux sur vos gardes.

MARTIAN

Et l'ai-je regardé comme tu le regardes,
Moi qui me figurais que ma caducité
Près de la beauté même était en sûreté ?
Je m'attachais sans crainte à servir la Princesse,
Fier de mes cheveux blancs, et fort de ma faiblesse,
Et quand je ne pensais qu'à remplir mon devoir,
Je devenais amant sans m'en apercevoir.
Mon âme de ce feu nonchalamment saisie
Ne l'a point reconnu que par ma jalousie :
Tout ce qui l'approchait voulait me l'enlever,
Tout ce qui lui parlait cherchait à m'en priver,
Je tremblais qu'à leurs yeux elle ne fût trop belle ;
Je les haïssais tous, comme plus dignes d'elle,
Et ne pouvais souffrir qu'on s'enrichît d'un bien
Que j'enviais à tous, sans y prétendre rien.
Quel supplice d'aimer un objet adorable,
Et de tant de rivaux se voir le moins aimable !
D'aimer plus qu'eux ensemble, et n'oser de ses feux,
Quelques ardents qu'ils soient, se promettre autant qu'eux !
On aurait deviné mon amour par ma peine,
Si la peur que j'en eus n'avait fui tant de gêne.

(*Pulchérie*, 1672)

V

LES ÂGES ET LES GÉNÉRATIONS

Ce chapitre est tout d'abord centré sur le temps qui passe, le temps qui fuit : le cœur du sujet à tous les âges de la vie.

Puis la place est laissée à ceux qui ont chanté le passage du zénith, le milieu de la vie, la mi-course, la mi-route.

« Carpe diem » : voilà la première conclusion qui s'impose, pendant la jeunesse, pendant la vieillesse.

« Si jeunesse savait, si vieillesse pouvait » : qui a donc raison ? A qui appartient-il de conseiller l'autre ? Pourrait-on, à la rigueur, apprendre à son père à faire des enfants ? La dernière partie de ce chapitre rassemble tous les poèmes qui réunissent, comparent ou opposent les deux extrêmes de la vie.

JEAN NOHAIN

1900-1981

LE TROISIÈME ÂGE

On arrive, on est en bas âge :
L'âge tendre... le premier âge...
Et le temps de quelques saisons,
On atteint l'âge de raison...

Et puis voici la fleur de l'âge :
Lisette et Jeannette ont seize ans,
Profitons-en, profitons-en !
A vingt-cinq ans c'est le bel âge,
Et bientôt, la force de l'âge.

On se réveille et, brusquement,
Sans savoir pourquoi ni comment,
Soudain, on est entre deux âges,
Et l'on devient d'un certain âge...

A quelques détails affligeants,
En observant les jeunes gens,
On comprend qu'on porte son âge...
Vos amis vous donnent votre âge,
Et comment le leur refuser
Puisqu'on est déjà tout usé ?

Et puis voici le troisième âge.
Et voici le déclin de l'âge.
Et l'on devient un homme d'âge.
On dit : « Quand vous aurez mon âge... »
Et plus rien n'est plus de notre âge...

Et c'est ainsi que d'âge en âge,
En portant son petit bagage
Avec le cœur un peu meurtri,
Et sans avoir très bien compris,
On atteint la fin du voyage.

HERVÉ BAZIN

Né en 1911

NUL N'EST JAMAIS LE MÊME

Comment voulez-vous que nous sachions
Être jeunes, moins jeunes, mûrs ou vieux ?
L'âge change si vite
Que nul n'a le temps de s'y adapter.

(*Traits*, 1976)

ROBERT DESNOS

1900-1945

DEMAIN

Agé de cent mille ans, j'aurais encor la force
De t'attendre, ô demain pressenti par l'espoir.
Le temps, vieillard souffrant de multiples entorses,
Peut gémir : le matin est neuf, neuf est le soir.

Mais depuis trop de mois nous vivons à la veille,
Nous veillons, nous gardons la lumière et le feu,
Nous parlons à voix basse et nous tendons l'oreille
A maint bruit vite éteint et perdu comme au jeu.

Or, du fond de la nuit, nous témoignons encore
De la splendeur du jour et de tous ses présents.
Si nous ne dormons pas c'est pour guetter l'aurore
Qui prouvera qu'enfin nous vivons au présent.

1942

(Destinée arbitraire)

FRANZ HELLENS

1881-1972

L'ÂGE

L'âge ? Est-il un âge autre véritable
Que celui qu'on se donne en allant d'un pas lent
Ou rapide sur le chemin de sable
Qu'est la vie tout au long du lointain océan ?

Rien à mes pieds que sable et coquillages
Et dans ma tête un bruit cette rumeur
De vagues renversées sur elles-mêmes, l'âge
C'est ça, jour après jour confondus, sans couleur.

Et rien à ramasser que ces restes
De la marée et du lointain passé
Mémoire d'infini où tout n'est plus que gestes,
ombres d'un jour, un seul, sans cesse dépassé.

(*Paroles sans musique,* 1960)

ARTHUR HAULOT

Né en 1913

LES ÂGES

Les âges verts, les âges blonds
les âges d'un noir de corneille
les âges purs les âges frais
les âges à éternuer
les âges qu'on veut oublier
les âges sots, les âges mûrs
les âges aux lourdes charnières
les âges fous, les âges gais
les âges d'amours en clairière :
il faut tirer parti de tous
les âges nus à part entière
car l'âge n'est qu'une chimère...

(*Plaisirs d'amour,* 1987)

JEAN LAUGIER

Né en 1924

URBI ET ORBI

– Alors, vous avancez sur les routes de l'âge ?
– Ah ! mon bon monsieur, ce que c'est d'être sage !

– Vous ne tournez pas le dos à la vie ?
– Vous appelez joie de magma de nuit ?

– Mais les êtres humains affichent leurs prouesses.
– La surdité d'oubli est si loin des promesses !

– Jamais vous-même ne craignez l'aveuglement ?
– Qui donc répudierait son orgueil d'innocent ?

– Jureriez-vous que rien ne s'achève ici-bas ?
– Et comment voulez-vous que vive l'au-delà ?

– Vous ne cherchez donc point réponse à vos questions ?
– J'affirme qu'elles sont ! J'affirme qu'elles sont !

(*Dans la main du monde*, 1994)

JEAN-BAPTISTE ROUSSEAU

1671-1741

STANCES

Que l'homme est bien, durant sa vie,
Un parfait miroir de douleurs,
Dès qu'il respire, il pleure, il crie
Et semble prévoir ses malheurs.

Dans l'enfance toujours des pleurs,
Un pédant porteur de tristesse,
Des livres de toutes couleurs,
Des châtiments de toute espèce.

L'ardente et fougueuse jeunesse
Le met encore en pire état.
Des créanciers, une maîtresse
Le tourmentent comme un forçat.

Dans l'âge mûr, autre combat,
L'ambition le sollicite.
Richesses, dignités, éclat,
Soins de famille, tout l'agite.

Vieux, on le méprise, on l'évite.
Mauvaise humeur, infirmité.
Toux, gravelle, goutte, pituite,
Assiègent sa caducité.

Pour comble de calamité,
Un directeur s'en rend le maître.
Il meurt enfin, peu regretté.
C'était bien la peine de naître !

(*Poésies diverses,* 1712-1723)

GUILLAUME APOLLINAIRE

1880-1918

LE PONT MIRABEAU

Sous le pont Mirabeau coule la Seine
Et nos amours
Faut-il qu'il m'en souvienne
La joie venait toujours après la peine

Vienne la nuit sonne l'heure
Les jours s'en vont je demeure

Les mains dans les mains restons face à face
Tandis que sous
Le pont de nos bras passe
Des éternels regards l'onde si lasse

Vienne la nuit sonne l'heure
Les jours s'en vont je demeure

L'amour s'en va comme cette eau courante
L'amour s'en va
Comme la vie est lente
Et comme l'Espérance est violente

Vienne la nuit sonne l'heure
Les jours s'en vont je demeure

Passent les jours et passent les semaines
Ni temps passé
Ni les amours reviennent
Sous le pont Mirabeau coule la Seine

Vienne la nuit sonne l'heure
Les jours s'en vont je demeure

(*Alcools*, 1913)

PIERRE DE RONSARD

1524-1585

JE VOUS ENVOIE UN BOUQUET

(ou : LE TEMPS S'EN VA)

Je vous envoie un bouquet, que ma main
Vient de trier de ces fleurs épanouies,
Qui ne les eût à vêpres cueillies,
Chutes à terre elles fussent demain
Cela vous soit un exemple certain
Que vos beautés, bien qu'elles soient fleuries,
En peu de temps seront toutes flétries,
Et comme fleurs, périront tout soudain.
Le temps s'en va, le temps s'en va, ma Dame,
Las ! le temps non, mais nous nous en allons.
Et tôt serons étendus sous la lame :
Et des amours, desquelles nous parlons,
Quand serons morts, n'en sera plus nouvelle :
Pour ce, aimez-moi, cependant qu'êtes belle.

(*Les Amours de Marie*, 1556)

MAXIMINE

Née en 1952

LE TEMPS S'EN VA, MADAME

Le temps s'en va, Madame, ainsi
Que l'amour comme une eau courante
Les poètes jamais ne mentent :
Pierre et Guillaume l'avaient dit !

Mais vous fîtes la sourde amante...

Le temps s'en va, Madame, et loin,
Vers les flots de l'indifférence
Les mains qui vous faisaient du bien
– Et c'est ça la fin qui commence –

Ne vous font rien, plus rien, plus rien...

Le temps s'en va, Madame, et vous
Vous en allez vers la vieillesse
Avec votre rêve à deux sous
Seule et trahie par vos promesses.

N'en pleurez pas : la mort s'en fout ;

Le temps s'en va, Madame, et tout...

(*Chanson inédite,* 1995)

FRANÇOIS-RENÉ DE CHATEAUBRIAND

1768-1848

NOUS VERRONS

Le passé n'est rien dans la vie,
Et le présent est moins encor ;
C'est à l'avenir qu'on se fie
Pour donner joie et trésor.
Tout mortel dans ses yeux devance
Cet avenir où nous courrons ;
Le bonheur est espérance ;
On vit, en disant : nous verrons.

Mais cet avenir plein de charmes,
Qu'en est-il lorsqu'il est arrivé ?
C'est le présent qui, de nos larmes,
Matin et soir est abreuvé !
Aussitôt que s'ouvre la scène
Qu'avec ardeur nous désirons,
On bâille, on la regarde à peine ;
On vit, en disant : nous verrons.

Ce vieillard penche vers la terre :
Il touche à ses derniers instants ;
Y pense-t-il ? Non : il espère
Vivre encore soixante-dix ans.
Un docteur, fort d'expérience,
Veut lui prouver que nous mourrons ;
Le vieillard rit de la sentence
Et meurt, en disant : nous verrons.

Valère et Damis n'ont qu'une âme,
C'est le modèle des amis.
Valère en un malheur réclame
La bourse et les soins de Damis :
« Je viens à vous, ami si tendre,
Ou ce soir au fond des prisons...
– Quoi ! ce soir même ? – On peut attendre.
Revenez demain : nous verrons. »

Nous verrons est un mot magique
Qui sert dans tous les cas fâcheux.
Nous verrons, dit le politique ;
Nous verrons, dit le malheureux.
Les grands hommes de nos gazettes,
Les rois du jour, les fanfarons,
Les faux amis, les coquettes,
Tout cela vous dit : nous verrons.

ALPHONSE DE LAMARTINE

1790-1869

LE LAC

Ainsi, toujours poussés vers de nouveaux rivages,
Dans la nuit éternelle emportés sans retour,
Ne pourrons-nous jamais sur l'océan des âges
    Jeter l'ancre un seul jour ?

Ô lac ! l'année à peine a fini sa carrière,
Et près des flots chéris qu'elle devait revoir,
Regarde ! je viens seul m'asseoir sur cette pierre
    Où tu la vis s'asseoir !

Tu mugissais ainsi sous ces roches profondes,
Ainsi tu te brisais sur leurs flancs déchirés,
Ainsi le vent jetait l'écume de tes ondes
    Sur ses pieds adorés.

Un soir, t'en souvient-il ? nous voguions en silence,
On n'entendait au loin, sur l'onde et sous les cieux,
Que le bruit des rameurs qui frappaient en cadence
    Tes flots harmonieux.

Tout à coup des accents inconnus à la terre
Du rivage charmé frappèrent les échos :
Le flot fut attentif, et la voix qui m'est chère
    Laissa tomber ces mots :

« Ô temps ! suspends ton vol ! et vous, heures propices ;
    Suspendez votre cours :
Laissez-nous savourer les rapides délices
    Des plus beaux de nos jours !

« Assez de malheureux ici-bas vous implorent,
Coulez, coulez pour eux ;
Prenez avec leurs jours les soins qui les dévorent,
Oubliez les heureux.

« Mais je demande en vain quelques moments encore,
Le temps m'échappe et fuit ;
Je dis à cette nuit : « sois plus lente » ; et l'aurore
Va dissiper la nuit.

« Aimons donc, aimons donc ! de l'heure fugitive,
Hâtons-nous, jouissons !
L'homme n'a point de port, le temps n'a point de rive ;
Il coule, et nous passons ! »

Temps jaloux, se peut-il que ces moments d'ivresse,
Où l'amour à longs flots nous verse le bonheur,
S'envolent loin de nous de la même vitesse
Que les jours de malheur ?

Eh quoi ! n'en pourrons-nous fixer au moins la trace ?
Quoi ! passés pour jamais ! quoi ! tout entiers perdus !
Ce temps qui les donna, ce temps qui les efface,
Ne nous les rendra plus ?

Éternité, néant, passé, sombres abîmes,
Que faites-vous des jours que vous engloutissez ?
Parlez : nous rendrez-vous ces extases sublimes
Que vous nous ravissez ?

Ô lac ! rochers muets ! grottes ! forêt obscure !
Vous que le temps épargne ou qu'il peut rajeunir,
Gardez de cette nuit, gardez, belle nature,
Au moins le souvenir !

Qu'il soit dans ton repos, qu'il soit dans tes orages,
Beau lac, et dans l'aspect de tes riants coteaux,
Et dans ces noirs sapins, et dans ces rocs sauvages
Qui pendent sur tes eaux.

Qu'il soit dans le zéphyr qui frémit et qui passe,
Dans les bruits de tes bords par tes bords répétés,
Dans l'astre au front d'argent qui blanchit ta surface
De ses molles clartés.

Que le vent qui gémit, le roseau qui soupire,
Que les parfums légers de ton air embaumé,
Que tout ce qu'on entend, l'on voit ou l'on respire,
Tout dise : « Ils ont aimé ! »

(*Méditations poétiques*, 1820)

ANTOINE-LÉONARD THOMAS

1732-1785

ODE SUR LE TEMPS

(extraits)

Le compas d'Uranie a mesuré l'espace.
Ô Temps, être inconnu que l'âme seule embrasse,
Invisible torrent des siècles et des jours,
Tandis que ton pouvoir m'entraîne dans la tombe,
J'ose, avant que j'y tombe,
M'arrêter un moment pour contempler ton cours.

Trop aveugles humains, quelle erreur vous enivre !
Vous n'avez qu'un instant pour penser et pour vivre,
Et cet instant qui fuit est pour vous un fardeau !
Avare de ses biens, prodigue de son être,
Dès qu'il peut se connaître,
L'homme appelle la mort et creuse son tombeau.

L'un, courbé sous cent ans, est mort dès sa naissance ;
L'autre engage à prix d'or sa vénale existence ;
Celui-ci la tourmente à de pénibles jeux ;
Le riche se délivre, au prix de sa fortune,
Du Temps qui l'importune ;
C'est en ne vivant pas que l'on croit vivre heureux.

Abjurez, ô mortels, cette erreur insensée !
L'homme vit par son âme, et l'âme est la pensée.
C'est elle qui pour vous doit mesurer le Temps !
Cultivez la sagesse ; apprenez l'art suprême
De vivre avec soi-même ;
Vous pourrez sans effroi compter tous vos instants.

Ô Temps, suspends ton vol, respecte ma jeunesse ;
Que ma mère, longtemps témoin de ma tendresse,
Reçoive mes tributs de respect et d'amour ;
Et vous, Gloire, Vertu, déesses immortelles,
Que vos brillantes ailes
Sur mes cheveux blanchis se reposent un jour.

(*Œuvres diverses*, 1765)

ROBERT DESNOS

1900-1945

MI-ROUTE

Il y a un moment précis dans le temps
Où l'homme atteint le milieu exact de sa vie,
Un fragment de seconde,
Une fugitive parcelle de temps plus rapide qu'un regard
Plus rapide que le sommet des pâmoisons amoureuses,
Plus rapide que la lumière.
Et l'homme est sensible à ce moment.

(*Fortunes*, 1942)

JEAN COCTEAU

1889-1963

LE POÈTE DE TRENTE ANS

Me voici maintenant au milieu de mon âge,
Je me tiens à cheval sur ma belle maison ;
Des deux côtés je vois le même paysage,
Mais il n'est pas vêtu de la même saison.

Ici la terre rouge est de vigne encornée
Comme un jeune chevreuil. Le linge suspendu,
De rires, de signaux, accueille la journée ;
Là se montre l'hiver et l'honneur qui m'est dû.

Je veux bien, tu me dis encore que tu m'aimes,
Vénus. Si je n'avais pourtant parlé de toi,
Si ma maison n'était faite avec mes poèmes,
Je sentirais le vide et tomberais du toit.

(*Poésie 1916-1923*, 1925)

LILIANE WOUTERS

Née en 1930

LA QUARANTAINE

La quarantaine.   Absurde promontoire.
Et les dieux lares renversés, et le passé grain de millet.
Grain de millet, grain de sésame.   Notre histoire
Si longue à vivre ne remplit pas un feuillet.

Si longue à vivre et si vite écoulée.
Dans la caverne de voleurs des jours enfuis :
Quarante jarres vides.   Aujourd'hui
J'ai lu le conte et la pierre est roulée.

(*L'Aloès*, 1983)

ROGER BODART

1910-1973

ME VOICI

(extraits)

Me voici m'enfonçant dans la force de l'âge
comme je m'enfonçais jadis dans l'équateur
Tantôt je suis chargé d'une chaleur d'orage
et tantôt je me vois gagner de la hauteur.

J'aurai tout demandé au dieu de l'existence
L'aventure son vin l'ordre de la raison
le conseil de la pie en haut de la potence
l'aile d'un ange au seuil d'une calme maison

Naître ainsi que l'on meurt dans un cri d'agonie
Mordre le sein. En être aussitôt arraché
Fuir Dieu et la forêt quand l'enfance est finie
Être homme pour gagner la ville le péché

Voir se fermer les yeux sévères de son père
Voir s'entrouvrir les yeux de son premier enfant
Aimer la femme plus que l'on n'aima sa mère
Devenir un marchand de parole de vent

Cinquante ans à user les routes de la terre
le sable de la vie avec la mort au bout
avec dans l'herbe haute une souple panthère
le bel amour couché près d'un chasseur debout

Cinquante ans à fourbir ses outils pour la tâche
à dormir à manger à tremper son pain d'eau
à vouloir être brave en étant toujours lâche
Cinquante ans sur la terre en attendant Godot

Pour trouver un ami traverser les frontières
Voir le désert assis sur un tapis volant
Dans ses bras comme un corps presser la terre entière
puis revenir chez soi d'un pas un peu plus lent

Naître vivre mourir sans comprendre pourquoi
parce qu'il faut quelqu'un pour donner le spectacle
parce que l'arc attend la flèche du carquois
parce que doit s'ouvrir la bouche de l'oracle

Mûrir mourir pourrir pour être une âme pure
pour mériter l'honneur de quitter ce vieux corps
pour savoir qui l'on est pour trouver sa figure
comme fait un acteur derrière le décor

Glisser comme un dormeur dans ce monde où tout change
A chaque pas qu'on fait sur la route du temps
savoir qu'on va descendre aux caves des vendanges
et que le vigneron danse déjà dedans

Comme est long comme est lourd ce métier de paraître
de finir comme un pain au fond du four banal
ce souci de remplir une forme Et puis d'être
un peu de sang que boit la page d'un journal

(*La Route du Sel,* 1965)

FLORIAN

1755-1794

LE VOYAGE

Partir avant le jour, à tâtons, sans voir goutte,
Sans songer seulement à demander sa route ;
Aller de chute en chute, et, se traînant ainsi,
Faire un tiers du chemin jusqu'à près de midi ;
Voir sur sa tête alors s'amasser les nuages,
Dans un sable mouvant précipiter ses pas,
Courir, en essuyant orages sur orages,
Vers un but incertain où l'on n'arrive pas ;
Détrempé vers le soir, chercher une retraite,
Arriver haletant, se coucher, s'endormir :
On appelle cela naître, vivre et mourir.
La volonté de Dieu soit faite !

(*Fables,* 1792)

CLAUDINE CHONEZ

1906-1995

DEMAIN ULTIME

Ayant bien trahi nos odeurs d'enfant
traîné sur les chemins de halage
jusqu'au soir cherchant l'eau les fruits
le trône d'un dauphin destitué
une très ancienne trace d'ange
guérissons des pas inutiles
élevons nos mains vers l'ouest
déjà exsangue. Le jour où les pierres
à l'est au midi saigneront
on saura les temps venus le sable
enfouira des rats vivants des doigts
prêts encore à saisir les roses.
Le fleuve gémira trop faible
pour abattre les dieux anciens
leurs poignets fouleront nos ciels
cavalerie de machines déclic d'ultime instant.

(Inédit)

EVARISTE DÉSIRÉ DE FORGES, VICOMTE DE PARNY

1753-1814

A MES AMIS

Rions, chantons, ô mes amis,
Occupons-nous à ne rien faire,
Laissons murmurer le vulgaire,
Le plaisir est toujours permis.
Que notre existence légère
S'évanouisse dans les jeux.
Vivons pour nous, soyons heureux,
N'importe de quelle manière.
Un jour il faudra nous courber
Sous la main du temps qui nous presse ;
Mais jouissons dans la jeunesse,
Et dérobons à la vieillesse
Tout ce qu'on peut lui dérober.

(*Œuvres complètes,* 1831)

JACQUES GRÉVIN

1538-1570

CES BEAUX CHEVEUX CRÊPÉS

Ces beaux cheveux crêpés, qu'en mille et mille sortes
Tu trousses bravement sur le haut de ton front,
Dedans vingt ou trente ans au monde ne seront
Mais avec le corail de tes deux lèvres mortes :
Ces deux monts cailletés, des deux fraises retordes,
Ces deux bras potelés, et ces beaux doigts mourront,
Seulement au cercueil les cendres demeur'ront
Encloses pesamment dessous les pierres fortes,
Et puis pour tout cela tu te fais adorer,
Tu fais plaindre, gémir, pleurer, désespérer,
Puis mourir, puis revivre un amant en martyre.
Uses-en cependant, Françoise, que le temps
T'en donne le loisir : car tous ces poursuivants
En la fin comme moi ne s'en feront qu'en rire.

(*Sonnets de la Gelodacrye,* 1560)

PIERRE DE RONSARD

1524-1585

QUAND VOUS SEREZ BIEN VIEILLE

Quand vous serez bien vieille, au soir, à la chandelle,
Assise auprès du feu, dévidant et filant,
Direz chantant mes vers, en vous émerveillant :
« Ronsard me célébrait du temps que j'étais belle. »

Lors vous n'aurez servante oyant telle nouvelle,
Déjà sous le labeur à demi sommeillant,
Qui au bruit de mon nom ne s'aille réveillant
Bénissant votre nom de louange immortelle.

Je serai sous la terre, et fantôme sans os,
Par les ombres myrteux je prendrai mon repos ;
Vous serez au foyer une vieille accroupie,

Regrettant mon amour et votre fier dédain.
Vivez, si m'en croyez, n'attendez à demain :
Cueillez dès aujourd'hui les roses de la vie.

(*Sonnets pour Hélène*, Livre II, XLIII, 1578)

BRIGITTE SABOURAUD

Née en 1922

RONSARD

Quand je serai bien vieille, au soir, à la chandelle,
Assise auprès du feu, devisant et fumant
Avec de bons amis, avec d'anciens amants,
J'aurai de quoi sourire au temps où j'étais belle.

Lors, si certains venaient prendre de mes nouvelles
Avec des airs feutrés et des mots consolants,
Je pourrais leur répondre à ces impertinents :
« Elle a bien fait son temps, faites-en autant qu'elle ! »

Je serais au foyer une vieille accroupie,
Mais pastichant Ronsard, je dirais sans dédain :
Vivez si m'en croyez, n'attendez à demain,
Cueillez dès aujourd'hui les roses de la vie !

(*Vanitas vanitatum,* 1968)

CLAUDINE HELFT

Contemporaine

QUAND VOUS SEREZ BIEN VIEUX

Quand vous serez bien vieux le soir au néon
écrivant quelque triste discours sur le néant
direz lisant mes vers en vous émerveillant
elle me célébrait lorsque j'étais encore blond.

Lors vous n'aurez maîtresse oyant telle chanson
déjà toute en guerre à demi s'éveillant
qui au bruit de mon nom ne s'en aille en tremblant
haïssant nos souvenirs et votre nom.

Je serai belle toute de chair toute de vie
sereine et goûtant un bonheur difficile.
Vous serez alors vieux et presque en habit vert,

regrettant mon amour, mon âme et mon mystère
car voyez-vous il est trop tard pour être habile
et demain déjà s'est écrit aujourd'hui.

(Inédit)

ALFRED DE MUSSET

1810-1857

RONDEAU

Dans dix ans d'ici seulement,
Vous serez un peu moins cruelle.
C'est long, à parler franchement.
L'amour viendra probablement
Donner à l'horloge un coup d'aile.

Votre beauté nous ensorcelle,
Prenez-y garde cependant :
On apprend plus d'une nouvelle
    En dix ans.

Quand ce temps viendra, d'un amant
Je serai le parfait modèle,
Trop bête pour être inconstant,
Et trop laid pour être infidèle.
Mais vous serez encor trop belle
    Dans dix ans.

(*Poésies nouvelles,* 1842)

PIERRE DE RONSARD

1524-1585

MIGNONNE, ALLONS VOIR SI LA ROSE...

Mignonne, allons voir si la rose
Qui ce matin avait déclose
Sa robe de pourpre au Soleil,
A point perdu cette vesprée
Les plis de sa robe pourprée,
Et son teint au vôtre pareil.

Las ! Voyez comme en peu d'espace,
Mignonne, elle a dessus la place,
Las ! las ! ses beautés laissé choir !
Ô vraiment marâtre Nature,
Puisqu'une telle fleur ne dure
Que du matin jusques au soir !

Donc, si vous me croyez, mignonne,
Tandis que votre âge fleuronne
En sa plus verte nouveauté,
Cueillez, cueillez votre jeunesse :
Comme à cette fleur la vieillesse
Fera ternir votre beauté.

(*Odes,* XVII, I, 1550-1552)

RÉMY BELLEAU

1528-1577

DOUCE ET BELLE BOUCHELETTE

Ainsi, ma douce guerrière
Mon cœur, mon tout, ma lumière,
Vivons ensemble, vivons
Et suivons

Les doux sentiers de la jeunesse :
Aussi bien une vieillesse
Nous menace sur le port,
Qui, toute courbe et tremblante,
Nous entraîne chancelante
La maladie et la mort.

(*La Bergerie*, 1572)

ARTHUR RIMBAUD

1854-1891

CHANSON DE LA PLUS HAUTE TOUR

Oisive jeunesse
À tout asservie,
Par délicatesse
J'ai perdu ma vie.
Ah ! Que le temps vienne
Où les cœurs s'éprennent.

Je me suis dit : laisse,
Et qu'on ne te voie :
Et sans la promesse
De plus hautes joies.
Que rien ne t'arrête
Auguste retraite.

J'ai tant fait patience
Qu'à jamais j'oublie ;
Craintes et souffrances
Aux cieux sont parties.
Et la soif malsaine
Obscurcit mes veines.

Ainsi la Prairie
À l'oubli livrée,
Grandie, et fleurie
D'encens et d'ivraies
Au bourdon farouche
De cent sales mouches.

Ah ! Mille veuvages
De la si pauvre âme
Qui n'a que l'image
De la Notre-Dame !
Est-ce que l'on prie
La Vierge Marie ?

Oisive jeunesse
À tout asservie,
Par délicatesse
J'ai perdu ma vie.
Ah ! Que le temps vienne
Où les cœurs s'éprennent !

(*Vers nouveaux et chansons*, 1872)

NICOLAS-GERMAIN LÉONARD

1744-1793

LES REGRETS

Pourquoi ne me rendez-vous pas
Les doux instants de ma jeunesse ?
Dieux puissants ! ramenez la course enchanteresse
De ce temps qui s'enfuit dans la nuit du trépas !
Mais quelle ambition frivole !
Ah ! dieux ! si mes désirs pouvaient être entendus,
Rendez-moi donc aussi le plaisir qui s'envole
Et les amis que j'ai perdus !

Amour, fortune, renommée,
Vos bienfaits ne me tentent plus ;
La moitié de ma vie est déjà consumée,
Et les projets que j'ai conçus
Se sont exhalés en fumée :
De ces moissons de gloire et de félicité
Qu'un trompeur avenir présentait à ma vue,
Imprudent ! qu'ai-je rapporté ?
L'empreinte de ma chaîne et mon obscurité :
L'illusion est disparue.

Mais le temps même à qui tout cède,
Dans les plus doux abris n'a pu fixer mes pas !
Aussi léger que lui, l'homme est toujours , hélas !
Mécontent de ce qu'il possède,
Et jaloux de ce qu'il n'a pas.
Dans cette triste inquiétude,
On passe ainsi la vie à chercher le bonheur.
A quoi sert de changer de lieux et d'habitude
Quand on ne peut changer son cœur ?

(*Idylles et poésies diverses,* 1792)

FRANÇOIS VILLON

1431- apr. 1463

BALLADE DE LA BELLE HËAUMIÈRE AUX FILLES DE JOIE

« Or pensez-y, belle Gautiere
Qui écolière vouliez être,
Et vous, Blanche la Savetière,
Or est-il temps de vous connaître,
Prenez à destre et à senestre ;
N'épargnez homme , je vous prie :
Car vieilles n'ont ni cours ni être,
Ni que monnaie qu'on décrie.

« Et vous, la gente Saucissière
Qui de danser estez adêtre,
Guillemette la Tapissière,
Ne méprenez vers votre maître :
Tôt vous faudra clore fenêtre,
Quand deviendrez vieille, flétrie ;
Plus ne servirez qu'un vieil prêtre,
Ni que monnaie qu'on décrie.

Jeanneton la Chaperonnière,
Gardez qu'ami ne vous empêtre ;
Et Catherine la Boursière,
N'envoyez plus les hommes paître ;
Car qui belle n'est, ne perpètre
Leur mâle grâce, mais leur rie,
Laide vieillesse amour n'empêtre
Ni que monnaie qu'on décrie.

Filles, veuillez vous entremettre
D'écouter pourquoi pleure et crie :
Pour ce que je ne me puis mettre
Ni que monnaie qu'on décrie. »

(*Le Testament*, 1461)

LOUIS ARAGON

1897-1982

LE CRI DU BUTOR

IV

Maintenant que la jeunesse
S'éteint au carreau bleui
Maintenant que la jeunesse
Machinale m'a trahi
Maintenant que la jeunesse
Tu t'en souviens souviens-t'en
Maintenant que la jeunesse
Chante à d'autres le printemps
Maintenant que la jeunesse
Détourne ses yeux lilas
Maintenant que la jeunesse
N'est plus ici n'est plus là
Maintenant que la jeunesse
Sur d'autres chemins légers
Maintenant que la jeunesse
Suit un nuage étranger
Maintenant que la jeunesse
A fui voleur généreux
Me laissant mon droit d'aînesse
Et l'argent de mes cheveux
Il fait beau à n'y pas croire
Il fait beau comme jamais
Quel temps quel temps sans mémoire
On ne sait plus comment voir
Ni se lever ni s'asseoir
Il fait beau comme jamais

C'est un temps contre nature
Comme le ciel des peintures
Comme l'oubli des tortures
Il fait beau comme jamais
Frais comme l'eau sous la rame
Un temps fort comme une femme
Un temps à damner son âme
Il fait beau comme jamais
Un temps à rire et courir
Un temps à ne pas mourir
Un temps à craindre le pire
Il fait beau comme jamais
Tant pis pour l'homme au sang sombre
Le soleil prouvé par l'ombre
Enjambera les décombres
Il fait beau comme jamais

(*Le Nouveau Crève-cœur,* 1948)

ANNA DE NOAILLES

1876-1933

LE TEMPS DE VIVRE

Déjà la vie ardente incline vers le soir,
Respire ta jeunesse,
Le temps est court qui va de la vigne au pressoir,
De l'aube au jour qui baisse.

Garde ton âme ouverte aux parfums d'alentour,
Aux mouvements de l'onde,
Aime l'effort, l'espoir, l'orgueil, aime l'amour,
C'est la chose profonde ;

Combien s'en sont allés de tous les cœurs vivants
Au séjour solitaire,
Sans avoir bu le miel ni respiré le vent
Des matins de la terre,

Combien s'en sont allés qui ce soir sont pareils
Aux racines des ronces,
Et qui n'ont pas goûté la vie où le soleil
Se déploie et s'enfonce !

Ils n'ont pas répandu les essences et l'or
Dont leurs mains étaient pleines,
Les voici maintenant dans cette ombre où l'on dort
Sans rêve et sans haleine.

– Toi, vis, sois innombrable à force de désirs,
De frissons et d'extase,
Penche sur les chemins, où l'homme doit servir,
Ton âme comme un vase ;

Mêlée aux jeux des jours, presse contre ton sein
    La vie âpre et farouche ;
Que la joie et l'amour chantent comme un essaim
    D'abeilles sur ta bouche.

Et puis regarde fuir, sans regret ni tourment,
    Les rives infidèles,
Ayant donné ton cœur et ton consentement
    A la nuit éternelle...

(*Le Cœur innombrable*, 1901)

LUCIE DELARUE-MARDRUS

1880-1945

MÉDITATION SUR UN VISAGE

J'ai douloureusement médité devant vous
Et j'ai pleuré sur vous, vieille dame étrangère,
Qui ne pouviez savoir ma jeunesse légère
Occupée à fixer vos traits pâles et mous.

Je m'étonnais si fort que vous fussiez rieuse,
Moi qui d'abord pensais que vous n'aviez plus rien
Ayant à tout jamais perdu l'unique bien
D'être tentante, d'être étrange et vaporeuse.

La vie est-elle donc moins dure qu'on ne croit,
Puisqu'elle soigne encor comme une bonne mère,
Qu'elle sait égayer cette vieillesse amère
Où tout semblait devoir n'être que morne et froid !

Et pourtant avec quelle épouvante cachée
Je regardais, songeant à la blancheur des lis
De nos âges, la peau ravagée et tachée
De ce masque qui fut jeune femme, jadis !

– Moi qui veux vivre jusqu'au bout ; est-il possible
D'imaginer qu'ainsi je pourrai rire un jour
Lorsque je n'aurai plus ce trésor indicible :
L'audace, la beauté, l'entrain, l'orgueil, l'amour ?...

(*La Figure de proue*, 1908)

VICTOR HUGO

1802-1885

Ô JEUNES GENS !

... Ô jeunes gens ! Élus ! Fleurs du monde vivant,
Maîtres du mois d'avril et du soleil levant.
N'écoutez pas ces gens qui disent : soyez sages !
La sagesse est de fuir tous ces mornes visages !
Soyez jeunes, gais, vifs, amoureux, soyez fous !
Ô doux amis, vivez, aimez ! Défiez-vous
De tous ces conseillers douceâtres et sinistres.
Vous avez l'air joyeux, ce qui déplaît aux cuistres.
Des cheveux en forêt, noirs, profonds, abondants,
Le teint frais, le pied sûr, l'œil clair, toutes vos dents :
Eux, ridés, épuisé, flétris, édentés, chauves,
Hideux : l'envie en deuil clignote en leurs yeux fauves.
Oh ! comme je les hais, ces solennels grigous !
Ils composent, avec leur fiel et leurs dégoûts,
Une sagesse pleine et d'ennui et de jeûnes,
Et, faite pour les vieux, osent l'offrir aux jeunes !

(*Chansons des rues et des bois*, 1865)

LOUIS ARAGON

1897-1982

LA BEAUTÉ DU DIABLE

Jeunes gens le temps est devant vous comme un cheval échappé
Qui le saisit à la crinière entre ses genoux qui le dompte
N'entend désormais que le bruit des fers de la bête qu'il monte
Trop à ce combat nouveau pour songer au bout de l'équipée

Jeunes gens le temps est devant vous comme un appétit précoce
Et l'on ne sait plus que choisir tant on se promet du festin
Et la nappe est si parfaitement blanche qu'on a peur du vin
Et de l'atroce champ de bataille après le repas des noces

Celui qui croit pouvoir mesurer le temps avec les saisons
Est un vieillard déjà qui ne sait regarder qu'en arrière
On se perd à ces changements comme la roue et la poussière
Le feuillage à chaque printemps revient nous cacher l'horizon

Que le temps devant vous jeunes gens est immense et qu'il est court
A quoi sert-il vraiment de dire une telle banalité
Ah prenez-le donc comme il vient comme un refrain jamais chanté
Comme un ciel que rien ne gêne une femme qui dit *Pour toujours*

Enfance Un beau soir vous avez poussé la porte du jardin
Du seuil voici que vous suivez le paraphe noir des arondes

Vous sentez dans vos bras tout à coup la dimension du monde
Et votre propre force et que tout est possible soudain

Écarquillez vos yeux ne laissez pas perdre cette minute
Je l'entends votre rire au paysage découvert J'entends
Dans votre rire et votre pas l'écho des pas d'antan
Une autre fois la clameur des jeux qui devient le cri des luttes

Une autre fois la possession qui commence Une autre fois
Ce plaisir de l'épaule à l'image du pont passant les fleuves
Cette jubilation de l'effort à raison de l'épreuve
La nuit qui se fait plus profonde à la nouveauté de la voix

Tu ne te reconnais guère au petit matin dans les miroirs
Avant que la vie ait repris descends dans la fraîcheur des rues
Il n'y a plus qu'un peu de brume où tremble un passé disparu
Un vent léger a mis en fuite le dernier journal du soir

C'est l'heure où chaque chose de lumière à toi seul est donnée
C'est l'heure où ce qu'on dit semble aussitôt occuper tout l'espace
Elle a pour toi les yeux sans fard de toutes les femmes qui passent
Regarde bien vers toi venir amoureusement la journée

Petite clarté saute saute
Dans les yeux des jeunes gens
La marée est toujours haute
Toujours le péril urgent
Toujours le bonheur en cause
Toujours c'est la tombola
On n'y gagne que des roses
On y perd son matelas
Toujours le ciel en eau trouble
Passez muscades passez

Toujours toujours quitte ou double
Et jamais jamais assez

Ils ne sauront que bien plus tard le prix passager de cette heure
Je me souviens de ce parfum pourtant sans cesse évanoui
Je peux avec les yeux ouverts retrouver mon cœur ébloui
Je me souviens de ma jeunesse au seul spectacle de la leur

Je me souviens

(*Le Roman inachevé*, 1956)

BORIS VIAN

1920-1959

RÉPONSE DU ZAZOU

Oui, mais ces vieux débris qui nous raillent sans cesse,
Aux jours de leur splendeur en faisaient tout autant.
Il leur sied d'accabler notre cheveu flottant.
On se coiffait style « Jockey » dans leur jeunesse !

Il leur sied d'accabler notre aimable allégresse
Et nos danses rythmées sur un jazz éclatant.
Le cake-walk était-il donc plus excitant ?
Ancêtres, soyez francs. Vous eûtes vos faiblesses.

Et le col dur de dix centimètres de haut ?
On ne le portait point du temps de Brunehaut
Mais bien en mil neuf cent, mon prince, ou je m'abuse !

Vous protestez. Vous regrettez votre printemps.
Mais laissez donc pourrir vos carcasses percluses !
On est plus indulgent quand on a fait son temps.

A côté de cela, bien sûr, il y a des vieux très sympa, et des qui ont même la danse de Saint-Guy.

1939-1941

(Cent Sonnets)

JEAN DE LA FONTAINE

1621-1695

LE VIEILLARD ET LES TROIS JEUNES HOMMES

Un octogénaire plantait.
« Passe encor de bâtir ; mais planter à cet âge ! »
Disaient trois Jouvenceaux, enfants du voisinage ;
Assurément il radotait.
« Car au nom des Dieux, je vous prie,
Quel fruit de ce labeur pouvez-vous recueillir ?
Autant qu'un patriarche il vous faudrait vieillir.
A quoi bon charger votre vie
Des soins d'un avenir qui n'est pas fait pour vous ?
Ne songez désormais qu'à vos erreurs passées :
Quittez le long espoir, et les vastes pensées ;
Tout cela ne convient qu'à nous.
– Il ne convient pas à vous-mêmes,
Repartit le Vieillard. Tout établissement
Vient tard et dure peu. La main des Parques blêmes
De vos jours et des miens se joue également.
Nos termes sont pareils par leur courte durée.
Qui de nous des clartés de la voûte azurée
Doit jouir le dernier ? Est-il aucun moment
Qui vous puisse assurer d'un second seulement ?
Mes arrière-neveux me devront cet ombrage :
Hé bien défendez-vous au Sage
De se donner des soins pour le plaisir d'autrui ?
Cela même est un fruit que je goûte aujourd'hui :
J'en puis jouir demain, et quelques jours encore ;
Je puis enfin compter l'aurore
Plus d'une fois sur vos tombeaux. »
Le Vieillard eut raison ; l'un des trois Jouvenceaux

Se noya dès le port allant à l'Amérique.
L'autre, afin de monter aux grandes dignités,
Dans les emplois de Mars servant la République,
Par un coup imprévu vit ses jours emportés.
        Le troisième tomba d'un arbre
        Que lui-même il voulut enter ;
Et, pleurés du Vieillard, il grava sur leur marbre
        Ce que je viens de raconter.

(*Fables,* Livre XI, 8)

JACQUES BREL

1929-1978

VIEILLE

C'est pour pouvoir enfin botter les fesses
A ces vieillards qui nous ont dit
Que nos vingt ans, que notre jeunesse
Étaient le plus beau temps de la vie.
C'est pour pouvoir enfin botter le cœur
A ceux qui nous volent nos nuits,
Ces maladroits qui n'ont que leur ardeur,
Croulants qui n'ont que leur ennui.
C'est pour pouvoir un jour enfin leur dire
A celles qui me jugent avec fureur
« Pauvres grognasse's c'est pouvoir vous dire
Je vous pardonne votre laideur. »
C'est pour pouvoir leur dire à ces matrones
Qui mille fois m'ont condamnée
« Comment voulez-vous qu'l'on vous pardonne
Vous qui n'avez même pas péché. »
C'est pour pouvoir au jardin de mon cœur
Ne soigner que mes souvenirs
Vienne le temps où femme peut s'attendrir
Et ne plus jalouser les fleurs
C'est pour pouvoir enfin chanter l'amour
Sur la cithare de la tendresse
Et pour qu'enfin on me fasse la cour
Pour d'autres causes que mes fesses
C'est pour pouvoir un soir oser lui dire
Que je n'ai bu qu'à sa santé
Que quand j'ai ri c'était de le voir rire
Que j'étais seule quand j'ai pleuré

C'est pour pouvoir un soir oser lui dire
Un soir filant la laine
Qu'en le trompant mais ça oserai-je lui dire
Je me suis bien trompée moi-même
C'est pour cela jeunes gens
Qu'au fond de moi s'éveille
Le désir charmant
De devenir vieille

(1963)

JOACHIM DU BELLAY

1522-1560

GORDES, J'AI EN HORREUR

Gordes, j'ai en horreur un vieillard vicieux,
Qui l'aveugle appétit de la jeunesse imite,
Et jà froid par les ans, de soi-même s'incite
A vivre délicat en repos odieux.

Mais je ne crains rien tant qu'un jeune ambitieux,
Qui pour se faire grand contrefait de l'ermite,
Et, voilant sa trahison d'un masque d'hypocrite,
Couve sous beau semblant un cœur malicieux.

Il n'est rien (ce dit-on en proverbe vulgaire)
Si sale qu'un vieux bouc, ni si prompt à mal faire
Comme est un jeune loup : et, pour le dire mieux,

Quand bien au naturel de tous deux je regarde,
Comme un fangeux pourceau l'un déplaît à mes yeux,
Comme d'un fin renard de l'autre je me garde.

(*Les Regrets*, 73, 1558)

FLORIAN

1755-1794

LE JEUNE HOMME ET LE VIEILLARD

« De grâce, apprenez-moi comment l'on fait fortune,
Demandait à son père un jeune ambitieux.
– Il est, dit le vieillard, un chemin glorieux :
C'est de se rendre utile à la cause commune,
De prodiguer ses jours, ses veilles, ses talents,
 Au service de la patrie.
 – Oh ! trop pénible est cette vie ;
 Je veux des moyens moins brillants.
– Il en est de plus sûrs, l'intrigue... – Elle est trop vile ;
Sans vice et sans travail je voudrais m'enrichir.
 – Eh bien ! sois un simple imbécile,
 J'en ai vu beaucoup réussir. »

(*Fables*, 1792)

JACQUES PRÉVERT

1900-1977

L'ENFANCE

Oh comme elle est triste l'enfance
La terre s'arrête de tourner
Les oiseaux ne veulent plus chanter
Le soleil refuse de briller
Tout le paysage est figé

La saison des pluies est finie
La saison des pluies recommence
Oh comme elle est triste l'enfance
La saison des pluies est finie
La saison des pluies recommence

Et les vieillards couleur de suie
S'installent avec leurs vieilles balances
Quand la terre s'arrête de tourner
Quand l'herbe refuse de pousser
C'est qu'un vieillard a éternué

Tout ce qui sort de la bouche des vieillards
Ce n'est que mauvaises mouches vieux corbillards
Oh comme elle est triste l'enfance
Nous étouffons dans le brouillard
Dans le brouillard des vieux vieillards

Et quand ils retombent en enfance
C'est sur l'enfance qu'ils retombent
Et comme l'enfance est sans défense
C'est toujours l'enfance qui succombe

Oh comme elle est triste
Triste triste notre enfance
La saison des pluies est finie
La saison des pluies recommence.

(*Histoire et d'autres histoires,* 1963)

JOSÉ-MARIA DE HEREDIA

1842-1905

JOUVENCE

Juan Ponce de Leon, par le Diable tenté,
Déjà très vieux et plein des antiques études,
Voyant l'âge blanchir ses cheveux courts et rudes,
Prit la mer pour chercher la Source de Santé.

Sur sa belle Armada, d'un vain songe hanté,
Trois ans il explora les glauques solitudes,
Lorsque enfin, déchirant le brouillard des Bermudes,
La Floride apparut sous un ciel enchanté.

Et le Conquistador, bénissant sa folie,
Vint planter son pennon d'une main affaiblie
Dans la terre éclatante où s'ouvrait son tombeau.

Vieillard, tu fus heureux, et ta fortune est telle
Que la Mort, malgré toi, fit ton rêve plus beau ;
La Gloire t'a donné la Jeunesse immortelle.

(*Les Trophées,* 1893)

VI

MISÈRES DE L'ÂGE

Les outrages du temps font partie du lot avec bon nombre de poèmes : les cheveux blancs, la faiblesse du corps d'abord, de l'esprit ou tout simplement des envies.

Face aux malheurs de l'âge, c'est d'abord le refus, la révolte, le rejet avec renoncement et détachement proche parfois du désespoir.

Puis la tristesse, les complaintes et les regrets.

CLOD'ARIA

Né en 1916

DEPUIS 76 ANS...

Oui je peux vous le dire aujourd'hui
depuis soixante-seize ans
que je me fréquente :
j'ai toujours les mêmes défauts...

*

Maintenant j'ai en main
toutes les cartes de ma destinée :
celles auxquelles je n'ai pas assez cru
celles que je n'aurais pas dû jouer...

Je les aligne
je les reconnais
je ne peux plus rien changer...

*

La peau est généreuse
avec l'âge elle s'étend s'étend
fait des vallons
fait des sillons
vous ravine tel un vieux mont
Vous êtes couvert d'hiéroglyphes
comme les pierres des Pharaons

et vous aimez
qu'on déchiffre

(*Inédit*, 1992)

JEAN-BAPTISTE CHASSIGNET

1571-1635

LA VIEILLESSE ARRIVÉE

La vieillesse arrivée, on est récompensé
Des excès de jeunesse, aux uns manque l'ouïe,
Aux autres la puissance, et la vue éblouie
Des plus sains et gaillards rend l'esprit offensé :
Tout sens, l'un après l'autre, en nous est trépassé,
Hormis le sentiment de notre maladie
Qui, par le cours du temps plus forte et plus hardie,
Presse jusqu'au cercueil le corps frêle et cassé.
Il n'y a part en nous que la Parque inhumaine
Pour s'en assurer mieux, comme en gage ne prenne,
Nous connaissant sujets à dilayer toujours :
Baste tout meurt en nous ! Seulement notre vice,
Malgré du temps subit la gloutonne avarice,
Vivant de notre mort, rajeunit tous les jours.

(*Le Mépris de la vie,* 1594)

LOUIS ARAGON

1897-1982

LE VIEIL HOMME

Moi qui n'ai jamais pu me faire à mon visage
Que m'importe traîner dans la clarté des cieux
Les coutures les traits et les taches de l'âge

Mais lire les journaux demande d'autres yeux
Comment courir avec ce cœur qui bat trop vite
Que s'est-il donc passé La vie et je suis vieux

Tout pèse L'ombre augmente aux gestes qu'elle imite
Le monde extérieur se fait plus exigeant
Chaque jour autrement je connais mes limites

Je me sens étranger toujours parmi les gens
J'entends mal je perds intérêt à tant de choses
Le jour n'a plus pour moi ses doux reflets changeants

Le printemps qui revient est sans métamorphoses
Il ne m'apporte plus la lourdeur des lilas
Je crois me souvenir lorsque je sens les roses

Je ne tiens plus jamais jamais entre mes bras
La mer qui se ruait et me roulait d'écume
Jusqu'à ce qu'à la fin tous les deux fussions las

Voici déjà beau temps que je n'ai plus coutume
De défier la neige et gravir les sommets
Dans l'éblouissement du soleil et des brumes

Même comme autrefois je ne puis plus jamais
Partir dans les chemins devant moi pour des heures
Sans calculer ce que revenir me permet

Revenir
                    Ces pas-ci vont vers d'autres demeures
Je ne reprendrai pas les sentiers parcourus
Dieu merci le repos de l'homme c'est qu'il meure

Et le sillon jamais ne revoit la charrue
On se fait lentement à cette paix profonde
Elle avance vers vous comme l'eau d'une crue

Elle monte elle monte en vous elle féconde
Chaque minute Elle fait à tout ce lointain
Amer et merveilleux comme la fin du monde

Et de la sentir proche est plus frais qu'au matin
Avant l'épanouissement de la lumière
Le parfum de l'étoile en dernier qui s'éteint

Quand ce qui fut malheur ou bonheur se nomme hier
Pourtant l'étoile brille encore et le cœur bat
Pourtant quand je croyais cette fièvre première

Apaisée à la fin comme un vent qui tomba
Quand je croyais le trouble aboli le vertige
Oublié l'air ancien balbutié trop bas

Que l'écho le répète au loin
                                                    Voyons que dis-je
Déjà je perds le fil ténu de ma pensée
Insensible déjà seul et sourd aux prodiges

Quand je croyais le seuil de l'ombre outrepassé
Le frisson d'autrefois revient dans mon absence
Et comme d'une main mon front est caressé

Le jour au plus profond de moi reprend naissance

(*Le Roman inachevé*, 1956)

MAURICE SCÈVE

1501-1564

TU TE VERRAS

Tu te verras ton ivoire crêper
Par l'outrageuse et tardive vieillesse.
Lors sans pouvoir en rien participer
D'aucune joie et humaine liesse,
Je n'aurai eu de ta verte jeunesse,
Que la pitié n'a su à soi ployer
Ni du travail qu'on m'a vu employer
À soutenir mes peines éphémères
Comme Apollon, pour mériter loyer,
Sinon rameaux et feuilles très amères.

(*Délie*, 1544)

ANDRÉ MIGUEL

Né en 1920

IL SE RATATA

Il se ratatatine
il se ratatatouille
il se ratabomine
il se ratagagouille
il se ratamortèle
il se ratamorose
il se ratamorbide
il se ratacornouille
il se ratagrenouille
il se ratadésespire
il se ratadésesponte
il se ratatrépisse
il se ratatrépasse
peu à peu
et que dire ?
C'est la loi

(Inédit)

JEAN-PIERRE COLLET

Contemporain

VIEILLIR

La chair de mon visage va glisser et couler
molle sur ma tête blafarde
comme une cire de bougie sous la flamme qui pâlit.
Plaise au ciel qu'aux jours de grande lumière,
j'aie pu t'illuminer d'un sourire qui réchauffe.

L'arbre sec qui attend que le ciel le foudroie
voit ses branches s'étioler, puis casser puis pourrir.
Ainsi mes os rudes vont se courber pour me tordre et me figer peu à peu en une statue glacée.
(Prière au lecteur de prendre son souffle...)
Plaise à Dieu qu'aux jours où ils défiaient les forces
toujours tu aies trouvé, malgré vents et tempêtes qui durement parfois malmènent les jeunes vies, en mon ombre la fraîcheur pour ton beau front brûlant
et les fruits rares,
que, pour toi seule, je gardais.

Comme un papier que l'on froisse, ma peau va se friper, se déchirer et jaunir.
Plaise au diable qu'à l'heure des billets doux, sur sa surface lisse et souple
j'aie su t'y faire écrire
des gestes d'amoureuse
j'aie su t'y faire tracer
des injures de jalouse.

A mon cou, à mes jambes, veines et artères vont se gonfler, chercher à éclater.

Il me plaît de penser que cette sève,
qui lors souffrira enfermée
dans un corps indigne de t'aimer,
coulera demain en un sol assoiffé
pour y baigner une jeune pousse
verte et belle,
belle comme tu fus, en tes vertes années.

(Le Chant du naïf)

JEAN L'ANSELME

Né en 1919

DÉCRÉPITUDE

En m'enlevant les poils du nez
j'en viens à constater
qu'en me rapprochant de la voie de garage
mon front devient une gare de triage.

Et que si mon derrière
n'a pas encore une ride
mon front lui, est à rides
comme ce qui est derrière.

En m'épilant mes blancs sourcils
je m'aperçois, devenant vieux,
que le temps c'est aussi
l'argent de mes cheveux.

(*Inédit,* 1993)

AGGRIPA D'AUBIGNÉ

1552-1630

UN PRINTEMPS DE GLAÇONS...

Ainsi comme le temps frissonnera sans cesse
Un printemps de glaçons et tout l'an orageux,
Ainsi hors de saison une froide vieillesse
Dès l'été de mes ans neige sur mes cheveux.

Déjà mon col lassé de supporter ma tête
Se rend sous un tel faix et sous tant de malheurs,
Chaque membre de moi se dessèche et s'apprête
De chasser mon esprit, hôte de mes douleurs.

Je chancelle, incertain, et mon âme inhumaine
Pour me vouloir faillir trompe mes volontés :
Ainsi que vous voyez en la forêt un chêne
Étant demi coupé branler des deux côtés...

Le corps vaincu se rend, et lassé de souffrir
Ouvre au dard de la mort sa tremblante poitrine,
Étalant sur un lit ses misérables os,
Et l'esprit qui ne peut pour endurer mourir,
Dont le feu violent jamais ne se termine,
N'a moyen de trouver un lit pour son repos.

Les médecins fâcheux jugent diversement
De la fin de ma vie et de l'ardente flamme
Qui même fait le corps pour mon âme souffrir.
Mais qui pourrait juger de l'éternel tourment
Qui me presse d'ailleurs ? Je sais bien que mon âme
N'a point de médecins qui la pussent guérir.

(« Le Printemps », *Stances,* 1570)

MAX ELSKAMP

1862-1931

AD FINEM

(fragments)

À présent ici,
Noue-la, ton écharpe,
C'est le vent, la pluie,
Tu n'as plus vingt ans.

Tes cheveux sont blancs
Et grise ta barbe,
Et voici la vie
Dont tu te déprends.

Plus rien ne t'attend
Dans les jours qui viennent,
Et choses anciennes
Qui ont fait leur temps,

Tu portes ton cœur
Et sans te leurrer,
Du jour ou de l'heure
Qui meurt ou qui naît.

Ame en toi qui sait,
Est-ce la sagesse ?
Est-ce la tristesse ?
Ou bien le regret ?

Choses dans tes yeux
Qui ont navigué,
Dans des jours heureux,
Des mois, des années.

Et que tu as sues,
Que tu as aimées.
Est-ce en ton oubli
Qu'elles sont entrées ?

Non, tu as vieilli,
Et las !
Tu le sais.
Non, tu as subi,
Mais rien n'a changé

Dans l'amour en elles,
Jadis éprouvé,
Où tu trouvais ailes
Et dans tous les temps.

Il n'en est ici
Qu'ainsi qu'en la vie,
Où c'est du présent
Que meurt le passé.

(*La Chanson de la rue Saint-Paul*, 1928)

ÉTIENNE DE LA BOÉTIE

1530-1563

HÉLAS ! COMBIEN DE JOURS...

Hélas ! combien de jours, hélas ! combien de nuits
J'ai vécu près du lieu où mon cœur fait demeure !
C'est le vingtième jour que sans jour je demeure,
Mais en vingt jours j'ai eu tout un siècle d'ennuis.

Je n'en veux mal qu'à moi, malheureux que je suis,
Si je soupire en vain, si maintenant j'en pleure ;
C'est que mal avisé je laissai, en mal'heure,
Celle-là que laisser nulle part je ne puis.

J'ai honte que déjà ma peau décolorée
Se voit par mes ennuis de rides labourée :
J'ai honte que déjà les douleurs inhumaines

Me blanchissent le poil sans le congé du temps.
Encor moindre suis au compte de mes ans,
Et déjà je suis vieux au compte de mes peines.

(*Vingt-neuf sonnets*, 1565)

JEHAN RÉGNIER

vers 1392-1468

BALLADE

Puisque je sens que vieillesse à moi vient
Et jeunesse me laisse et si m'oublie,
Prendre congé des armes me convient
Car ma puissance si m'est de tout faillie,
Mon fait ne vaut désormais un oubli ;
Tel déjeuner ne quiert que le poulet,
Mieux me vaudrait manger un œuf mollet
Pour soutenir mon corps en bon propos.
Je suis maître, j'étais meilleur valet ;
Je ne quiers plus que l'aise et le repos.

Quant au bon temps passé il me souvient,
Que nous allions chasser à l'acropie,
Et au printemps que chacun en aviens
Que nous allions quérir les nids de pie,
Et maintenant j'ai au nez la roupie,
Nulle dent n'ai, je mange soupe au lait,
Fourré je suis et si ai mantelet,
Auprès du feu vin et eau en deux pots,
Les mains me tremblent et bois au gobelet ;
Je ne quiers plus que l'aise et le repos.

Ah ma mie ! ce temps-là plus ne revient,
Se l'attendons, c'est à nous grande folie,
Aller s'en faut sans savoir qu'on devient,
Crier nous faut : « Oublie, oublie, oublie ! »
Mon déjeuner si sera de boulie,
Des jeux Saint Mort j'ai pris le chapelet,

Je sais trop bien que ce jeu vous est laid.
Adieu, Amours et à tous ses suppôts ;
Ne m'amenez Margot ni Isabelet ;
Je ne quiers plus que l'aise et le repos.

Prince, l'âge en ce point si me mets ;
J'étudie calendriers et computs,
Médecine de mon fait s'entremets,
Je ne quiers plus que l'aise et le repos.

(*Les Fortunes et adversités,* 1526)

RENÉE VIVIEN

1877-1909

VIEILLESSE COMMENÇANTE

C'est en vain aujourd'hui que le songe me leurre.
Me voici face à face inexorablement
Avec l'inévitable et terrible moment :
Affrontant le miroir trop vrai, mon âme pleure.

Tous les remèdes vains exaspèrent mon mal,
Car nul ne me rendra la jeunesse ravie...
J'ai trop porté le poids accablant de la vie
Et sanglote aujourd'hui mon désespoir final.

Hier, que m'importaient la lutte et l'effort rude !
Mais aujourd'hui l'angoisse a fait taire ma voix.
Je sens mourir en moi mon âme d'autrefois,
Et c'est la sombre horreur de la décrépitude !

(*Haillons,* 1924)

CHARLES D'ORLÉANS

1394-1465

RONDEL
CCCCXXXIV

De vieillesse porte livrée
Quelle m'a, puis un temps, donnée,
Quoique soit contre mon désir,
Mais malgré moi le faut souffrir,
Quand par Nature est ordonnée.

Elle est d'ennui si fort brodée,
Dieu sait que l'ai chère achetée,
Sans guère d'argent, de plaisir :
De vieillesse porte livrée
Qu'elle m'a, puis un temps, donnée,
Quoique soit contre mon désir.

Par moi, peut être bien usée,
En heur et bonne destinée,
Et à mon souhait parvenir,
Tant que vivre puisse et mourir
Selon l'écrit de ma pensée :
De vieillesse porte livrée.

(*Poésies de Charles d'Orléans,* 1803)

CLAUDE ROY

Né en 1915

OLD AGE

Il est vieux   si vieux   qu'il n'a plus d'âge
Les doigts du temps distrait traversent son feuillage

Suis-je un vieil homme ? Suis-je un vieil orme ?
Il voudrait bien savoir   mais il est temps qu'il dorme

En lui des pensées passent qui tremblent doucement
comme la nuit les branches qui bruissent dans le vent

Il essaie de se souvenir du temps où on a tout son temps
du temps où on est sûr que le temps nous attend

Mais c'est trop fatigant   A la fin il s'endort
Il oubliera son rêve en rêvant qu'il est mort

(*Les Pas du silence*, 1993)

LOUIS VEUILLOT

1813-1883

POIDS DE LA VIE

J'ai vécu, j'ai vieilli. De l'humaine misère
J'ai porté le fardeau tous les jours. Il est grand !
Sans en excepter un, j'ai refait en pleurant
Tous les chemins heureux que j'avais sur la terre.

Je sais ce qu'ici-bas le ciel donne et reprend :
Deuil d'ami, deuil d'époux, deuil de fils, deuil de père,
Et deuil public encor ! J'ai bu cette heure amère.
J'ai tenu dans mes bras Valdegamas mourant.

J'ai vu l'esprit de l'homme au mal vouer son culte ;
Sur mon drapeau sacré j'ai vu monter l'insulte ;
Chez des amis vivants je me suis vu mourir.

Et parmi ces douleurs, humiliant mon âme,
Satan m'a fait sentir son ironie infâme...!
Ô mort ! comme parfois tu tardes à venir !

(*Poésies,* 1878)

ÉTIENNE PASQUIER
1529-1615

VIEILLESSE RECHIGNÉE

Je ne nourris dans moi qu'une humeur noire,
Chagrin, fâcheux, mélancolique, hagard,
Grogneux, despit, présomptueux, hagard,
Je fais l'amour au bon vin et au boire.

De mon esprit toutefois je fais gloire,
Pour le penser être frisque et gaillard,
Et ne tenir nullement du vieillard,
Mais nul que moi ne le se fait accroire.

Pour trop me plaire, à chacun je déplais,
De vains discours, pauvre sot, je me pais,
Ne pouvant rien, sans espoir je désire.

Pour n'avoir plus de reste que ma voix,
Je chante à tous mes anciens exploits,
Mais les chantant, je n'apprête qu'à rire.

(*La Main ou Œuvres poétiques,* 1584)

TRISTAN L'HERMITE

1601-1655

SONNET

C'est fait de nos destins : je commence à sentir
Les incommodités que la vieillesse apporte.
Déjà la pâle mort, pour me faire partir,
D'un pied sec et tremblant vient frapper à ma porte.

Ainsi que le soleil sur la fin de son cours
Paraît plutôt tomber que descendre dans l'onde,
Lorsque l'homme a passé les plus beaux de ses jours
D'une course rapide il passe en l'autre monde.

Il faut éteindre en nous tous frivoles désirs,
Il faut nous détacher des terrestres plaisirs
Où sans discrétion notre appétit nous plonge.

Sortons de ces erreurs par un sage conseil ;
Et, cessant d'embrasser les images d'un songe,
Pensons à nous coucher pour le dernier sommeil.

(*Vers héroïques du Sieur Tristan*, 1648)

VICTOR HUGO

1802-1885

PAROLES SUR LA DUNE

Maintenant que mon temps décroît comme un flambeau,
    Que mes tâches sont terminées ;
Maintenant que voici que je touche au tombeau
    Par les deuils et par les années,

Et qu'au fond de ce ciel que mon essor rêva,
    Je vois fuir, vers l'ombre entraînées,
Comme le tourbillon du passé qui s'en va,
    Tant de belles heures sonnées ;

Maintenant que je dis : – Un jour, nous triomphons ;
    Le lendemain, tout est mensonge ! –
Je suis triste, et je marche au bord des flots profonds,
    Courbé comme celui qui songe.

Je regarde, au-dessus du mont et du vallon,
    Et des mers sans fin remuées,
S'envoler, sous le bec du vautour aquilon,
    Toute la toison des nuées ;

J'entends le vent dans l'air, la mer sur le récif,
    L'homme liant la gerbe mûre ;
J'écoute, et je confronte en mon esprit pensif
    Ce qui parle à ce qui murmure ;

Et je reste parfois couché sans me lever
    Sur l'herbe rare de la dune,
Jusqu'à l'heure où l'on voit apparaître et rêver
    Les yeux sinistres de la lune.

Elle monte, elle jette un long rayon dormant
A l'espace, au mystère, au gouffre ;
Et nous nous regardons tous les deux fixement,
Elle qui brille et moi qui souffre.

Où donc s'en sont allés mes jours évanouis ?
Est-il quelqu'un qui me connaisse ?
Ai-je encor quelque chose en mes yeux éblouis,
De la clarté de ma jeunesse ?

Tout s'est-il envolé ? Je suis seul, je suis las ;
J'appelle sans qu'on me réponde ;
Ô vents ! ô flots ! ne suis-je aussi qu'un souffle, hélas !
Hélas ! ne suis-je aussi qu'une onde ?

Ne verrai-je plus rien de tout ce que j'aimais ?
Au dedans de moi le soir tombe.
Ô terre, dont la brume efface les sommets,
Suis-je le spectre, et toi la tombe ?

Ai-je donc vidé tout, vie, amour, joie, espoir ?
J'attends, je demande, j'implore ;
Je penche tour à tour mes urnes pour avoir
De chacune une goutte encore !

Comme le souvenir est voisin du remords !
Comme à pleurer tout nous ramène !
Et que je te sens froide en te touchant, ô mort,
Noir verrou de la porte humaine !

Et je pense, écoutant gémir le vent amer,
Et l'onde aux plis infranchissables ;
L'été rit, et l'on voit sur le bord de la mer
Fleurir le chardon bleu des sables.

(*Les Contemplations*, Livre V, 13, 1856)

JEAN-FRANÇOIS DE LA HARPE

1739-1803

LES REGRETS

Que m'importe que le temps fuie ?
Heures, dont je crains la lenteur,
Vous pouvez emporter ma vie,
Vous n'annoncez plus mon bonheur.

Je m'aperçois que, sans contrainte,
Mon cœur, pour tromper son ennui,
Se permet une longue plainte
Qui ne peut occuper que lui.

Mais qu'importe qu'on s'intéresse
Aux maux qu'on ne peut soulager ?
Je veux épancher ma tristesse
Et non la faire partager.

Que dis-je ? hélas ! je me repose
Sur ces désolants souvenirs.
Ce sentiment est quelque chose ;
C'est le dernier de mes plaisirs.

Un jour, quand la froide vieillesse
Viendra retrancher mes erreurs,
Peut-être que de la tendresse
Je regretterai les douceurs.

Alors, à cet âge où s'efface
L'illusion de nos beaux jours,
Je veux, dans ces vers que je trace,
Retrouver encor mes amours.

(*Œuvres de La Harpe,* 1778)

CLAUDINE CHONEZ

1906-1995

UN DÉFI

Moi
magicienne sans philtres sans dés
servante des bontés paniques
niant les chicanes les fissures des jours
le fatras des pulsions jetées à la voirie
et la viande du cœur qui sent
frigidaire débranché –
superbement banale je résiste
de la racine aux bourgeons.

(Inédit)

JEAN METELLUS

Né en 1937

COMPLAINTE DU VIEILLARD

Le vieillard soliloquait :
« Maintenant que la vieillesse
A raccourci mes membres
Maintenant que la vieillesse
Me cloue à la campagne
Maintenant que la vieillesse
Vient brouiller ma mémoire
Maintenant que la vieillesse
Use mon souffle, lasse mon ardeur
Maintenant que la vieillesse
Ravine mes joues et scelle mes lèvres
Je m'enfonce dans mes souvenirs

Maintenant que la vieillesse
Vient bruire dans tous mes songes
Maintenant que la vieillesse
M'oblige au silence
Et m'écarte de toute science
Maintenant que la vieillesse
Fige mes yeux, moisit mon regard
Me prive du bleu de l'horizon
Maintenant que la vieillesse
Ajoute à ma tristesse
Cette cruelle tristesse
De ne pouvoir ni mordre, ni croquer
Maintenant que la vieillesse
Obnubile toutes mes pensées
Et m'éloigne de l'orient de la vie
Je retombe en enfance

Je me repose à outrance
Puis marche, branlant,
Appuyé sur une canne de gaïac
Le dos tourné vers les étoiles

Mais je dois vivre de mes rêves
J'irai au village
Et même dans les hounforts
Conter à la jeunesse
Les temps forts des nègres d'Haïti
Et l'histoire de Charlemagne Péralte
D'un coup ma mémoire se réveille
Je revois l'épopée de Dessalines
Dessalines sauvé par Défilée la folle
Innocente comme l'eau de source
Elle emporte les restes d'un homme assassiné
Défilée, Défilée la folle
Ce nom chante dans ma mémoire
Défiler dans la rue, en procession, en foule
Délirer, Défiler, Déferler
Défier la misère
Hurler contre l'injustice
Et accueillir la mort

Le ciel n'embrasse plus la terre
Dépossédés de nos récoltes anciennes
Pour une bouchée de pain, pour un sou, ou pour rien
Nous voici maintenant telles des ombres peintes

Mais le temps du réveil est proche
Nos enfants le préparent

(*Inédit,* 1995)

VICTOR HUGO

1802-1885

TROIS ANS APRÈS

Il est temps que je me repose ;
Je suis terrassé par le sort.
Ne me parlez pas d'autre chose
Que des ténèbres où l'on dort !

Que veut-on que je recommence ?
Je ne demande désormais
A la création immense
Qu'un peu de silence et de paix !

Pourquoi m'appelez-vous encore ?
J'ai fait ma tâche et mon devoir.
Qui travaillait avant l'aurore,
Peut s'en aller avant le soir (...)

(*Les Contemplations,* Livre IV, 3, 1856)

FRANÇOIS VILLON

1431-ap. 1463

LES REGRETS DE LA BELLE HËAUMIÈRE
(déjà parvenue à la vieillesse)

Avis m'est que j'ai regretter
La Belle qui fut hëaumière,
Soit jeune fille souhaiter
Et parler en telle manière :
« Ha ! vieillesse félonne et fière,
Pourquoi m'as si tôt abattue ?
Qui me tient, qui, que ne me fière,
Et qu'à ce coup je ne me tue ?

« Tollu m'as la haute franchise
Que beauté m'avait ordonné
Sur clercs, marchands et gens d'Église :
Car lors il n'était homme né
Qui tout le sien ne m'eût donné,
Quoi qu'il en fût des repentailles,
Mais que lui eusse abandonné
Ce que refusent truandailles.

« A maint homme l'ai refusé,
Qui n'était à moi grand sagesse,
Pour l'amour d'un garçon rusé,
Auquel j'en fis grande largesse.
A qui que je fisse finesse,
Par m'âme, je l'aimoie bien !
Or ne me faisait que rudesse,
Et ne m'aimait que pour le mien.

« Si ne me sût tant détraîner,
Fouler aux pieds, que ne l'aimasse,
Et m'eût-il fait les reins traîner,
S'il m'eût dit que je le baisasse,
Que tous mes maux je n'oubliasse !
Le glouton, de mal enteché,
M'embrassait... J'en suis bien plus grasse !
Que m'en reste-il ? Honte et péché.

« Or est-il mort, passé trente ans,
Et je remains vieille, chenue.
Quand je pense, lasse ! au bon temps,
Que me regarde toute nue,
Quelle suis, quelle devenue,
Et je me vois si très changée,
Pauvre, sèche, maigre, menue,
Je suis presque toute enragée.

« Qu'est devenu ce front poli,
Ces cheveux blonds, sourcils voutis,
Grand entrœil, ce regard joli,
Dont prenoie les plus subtils ;
Ce beau nez droit, grand ne petit,
Ces petites jointes oreilles,
Menton fourchu, clair vis traitis,
Et ces belles lèvres vermeilles ?

« Ces gentes épaules menues,
Ces bras longs et ces mains traitisses,
Petits tétins, hanches charnues,
Élevées, propres, faitisses,
À tenir amoureuses lices ;
Ces larges reins, ce sadinet
Assis sur grosses fermes cuisses
Dedans son petit jardinet ?

« Le front ridé, les cheveux gris,
Les sourcils chus, les yeux éteints,
Qui faisaient regards et ris
Dont maints méchants furent atteints ;
Nez courbes, de beauté lointains,
Oreilles pendantes, moussues,
Le vis pali, mort et déteins,
Menton froncé, lèvres peaussues...

« C'est d'humaine beauté l'issue !
Les bras courts et les mains contraites,
Des épaules toute bossue ;
Mamelles, quoi ? toutes retraites ;
Telles les hanches que les tettes ;
Du sadinet, fi ! Quant des cuisses,
Cuisses ne sont plus, mais cuissettes
Grivelées comme saucisses.

« Ainsi le bon temps regrettons
Entre nous, pauvres vieilles sottes,
Assises bas, à croupetons,
Tout en un tas comme pelotes,
A petit feu de chenevottes
Tôt allumées, tôt éteintes ;
Et jadis fûmes si mignottes !
Ainsi en prend à maints et maintes. »

(*Le Testament*, XLVII à LVI, 1461)

CLAUDINE CHONEZ

1906-1995

ARRIÈRE-SAISON

Esprit jamais réduit loup d'hiver affamé
on sait pourtant tout ça – le soleil dédoré
ses couteaux au poignet.
On connaît bien l'édredon étouffant
la bouche à ne plus parler
en fin de nuit le désir qui charbonne.
Le buisson brûle
qui tentera un contre-feu
sur des victimes consentantes
lassées des cernes sous les yeux ?
la terre s'égrène la joie
a cessé d'engranger...
Mais ô vie réfractaire j'entends
l'herbe viride la mer exigeant
le baptême vif de leurs sels.

(Inédit)

VII

LE BIEN VIEILLIR

Le « bien vieillir » (l'expression en surprendra plus d'un) existe, tout comme le vieillard heureux.

Cela passe par l'exercice de la mémoire, par les souvenirs et les plaisirs de l'esprit.

C'est l'âge de la sagesse et la sagesse de l'âge.

ROBERT VIVIER

1894-1992

LE FOND DE TOUT...

J'ai dépassé l'âge où notre âge nous alarme,
Où l'on sent se hâter le train branlant des jours
Et l'on écoute en soi faiblir de vieux vacarmes
En un mol résidu de gongs et de tambours.
À force de sol ferme et de décors qui changent
Je me suis dépassé moi-même, et parvenu
Dans un espace frais où l'on avance nu.
Si j'y rappelle à moi de leur absence étrange
Ceux-là qui m'ont laissé tout seul marcher ainsi
Est-ce pour être ensemble et pour revoir d'ici,
Sous ce pont où nous sommes, la fuyante vie
Allonger sa lente luisance inassouvie
Tel un fleuve aux remous sans nombre et tout à coup
Un doigt pointe son cri : ce reflet, c'était nous ?
Non, dis-je. Partagez plutôt ce qui m'accueille,
Car le sort qui nous mit sur terre vous le doit.

C'est toujours ce que nous aimions, les toits, les feuilles,
Mais ces choses ne semblent plus comme autrefois...
On les aime à présent pour elles, non pour soi,
Leur rendant ce qu'ont espéré leurs yeux fidèles.
Elles n'exigent rien de plus : c'est nous, c'est elles !
Être là c'est le fond de tout... Que peut le temps,
Ce distrait qui gambade avide et malcontent,
Sur cet état nouveau de témoins et de frères ?
L'avant l'après, souhaiter d'être, avoir été
Valent-ils le suprême et suffisant mystère
Du monde et nous qui nous regardons persister ?

(*S'étonner d'être,* 1977)

CARDINAL DE BERNIS

1715-1794

IMPROMPTU
À UNE DAME QUI SE PLAIGNAIT D'ÊTRE ÂGÉE DE QUATRE-VINGTS ANS

Avec les qualités à tant d'esprit unies,
Pouvez-vous regretter, Doris, vos premiers jours ?
Vous êtes aujourd'hui la Reine des génies
Et vous la fûtes des amours.

Songez qu'il est bien peu d'hivers comme le vôtre.
En vous laissant l'esprit, qu'a-t-il pu dérober ?
Doris, c'est proprement passer d'un trône à l'autre :
Appelle-t-on cela tomber ?

(*Œuvres complètes,* 1796)

LÉO LARGUIER

1878-1950

TOUT S'ÉLOIGNE...

Lorsque d'un peu d'argent notre tempe est fleurie,
Nous entrons doucement dans cette confrérie
Qui laisse les galants s'ébattre aux carrefours ;
On s'assied sur un banc où viennent, par bouffées,
Des airs qui font danser les filles décoiffées,
Et l'on effeuille alors la vieille fleur des jours.

Criblé de lampions, un arbre obscur palpite.
Juché sur des tonneaux, l'orchestre précipite
Ou ralentit les pas des couples qu'il conduit.
Lise a de beaux bras nus, Rose est blonde... qu'importe ?
On est un peu pareil à qui, fermant sa porte,
Contemple à la croisée une très belle nuit.

Tout s'éloigne... On sourit dans cette ombre apaisée.
Allégresses, fraîcheurs des matins de rosée,
Éternels désespoirs qu'un instant consola,
Fêtes où l'on valsait... tout s'éloigne et s'épure,
Et souriant encor sans tristesse, on murmure :
« Ce n'était que cela, mais c'était tout cela ! »

(*Les Ombres,* 1934)

MARQUIS DE SAINT-AULAIRE

1698-1742

ÉLÉGIE

Où fuyez-vous, plaisirs ? où fuyez-vous, amours ?
De mon printemps, compagnons si fidèles,
Vous sembliez à mes pas attachés pour toujours.
Commencez-vous à déployer vos ailes
Pour m'enlever votre secours,
Lorsque le reste de mes jours
Est menacé d'ennuis et de langueurs mortelles ?

Ah ! si vous preniez soin du reste de ma vie,
Avec cette même bonté,
Je la croirais en sûreté ;
Mais, Fille du Ciel, je vous prie,
Ne me livrez jamais à celle de vos sœurs
Qui fait payer si cher ses plus froides douceurs,
Par qui, comme d'une furie,
Un malheureux est agité,
Et qui détruit les douceurs de la vie
Sous le frivole espoir de l'immortalité.
De ce désir je ne suis point tenté.
Pour adoucir les maux de la vieillesse,
Je voudrais seulement, avec facilité,
Savoir mêler quelque délicatesse
A beaucoup de simplicité.

(*Épîtres , élégies et madrigaux,* 1730)

LUCY TORREKENS

Née en 1940

VIEILLIR

Sous le front raviné,
trottent des visions d'autrefois.

Dans cet infime espace,
galopent les errances
des longues chevauchées d'amour.

La lune traînait
des grappes d'étoiles
sur des rêves d'éternité.

Oh ! Se souvenir
de la plus lointaine nuit,
du premier cri partagé
et vieillir
dans des douceurs d'herbe
léchée de soleil.

(***Inédit***, 1994)

ALPHONSE DE LAMARTINE

1790-1869

MILLY OU LA TERRE NATALE

(fragment)

Ah ! si le nombre écrit sous l'œil des destinées
Jusqu'aux cheveux blanchis prolonge mes années,
Puissé-je, heureux vieillard, y voir baisser mes jours
Parmi ces monuments de mes simples amours !
Et quand ces toits bénis et ces tristes décombres
Ne seront plus pour moi peuplés que par des ombres,
Y retrouver au moins dans les noms, dans les lieux,
Tant d'êtres adorés disparus de mes yeux !

(*Les Harmonies poétiques et religieuses,* 1830)

JULES RENARD

1864-1910

NE RÉSERVEZ PAS À MA VIEILLESSE UN CHÂTEAU...

... Ne réservez pas à ma vieillesse un château, mais faites-moi la grâce de me garder, comme dernier refuge, cette cuisine avec sa marmite toujours en l'air,

avec la crémaillère aux dents diaboliques,
la lanterne d'écurie et le moulin à café,
le litre de pétrole, la boîte de chicorée extra et les allumettes de contrebande,
avec la lune en papier jaune qui bouche le trou du tuyau de poêle,
et les coquilles d'œufs dans la cendre,
et les chenets au front luisant, au nez aplati,
et le soufflet qui écarte ses jambes raides et dont le ventre fait de gros plis,
avec ce chien à droite et ce chat à gauche de la cheminée, tous deux vivants peut-être,
et le fourneau d'où filent des étoiles de braise,
et la porte au coin rongé par les souris,
et la passoire grêlée, la bouillotte bavarde et le grill haut sur pattes comme un basset,
et le carreau cassé de l'unique fenêtre dont la vue se paierait cher à Paris,
et ces pavés de savon,
et cette chaise de paille honnêtement percée,
et ce balai inusable d'un côté,

et cette demi-douzaine de fers à repasser, à genoux sur leur planche, par rang de taille, comme des religieuses qui prient, voilées de noir et les mains jointes.

(*Les Bucoliques*, 1896)

THÉOPHILE GAUTIER

1811-1872

LE CHÂTEAU DU SOUVENIR

(fragments)

La main au front, le pied dans l'âtre,
Je songe et cherche à revenir,
Par-delà le passé grisâtre,
Au vieux château du Souvenir.

J'avance parmi les décombres
De tout un monde enseveli,
Dans le mystère des pénombres,
A travers des limbes d'oubli.

Mais voici, blanche et diaphane,
La Mémoire, au bord du chemin,
Qui me remet, comme Ariane,
Son peloton de fil en main.

Je retrouve, au long des tentures,
Comme des hôtes endormis,
Pastels blafards, sombres peintures,
Jeunes beautés et vieux amis.

Dans son cadre, que l'ombre moire,
Au lieu de réfléchir mes traits,
La glace ébauche de mémoire
Le plus ancien de mes portraits.

Spectre rétrospectif qui double
Un type à jamais effacé,
Il sort du fond du miroir trouble
Et des ténèbres du passé.

Une main d'ombre ouvre la porte
Sans en faire grincer la clé.
D'hôtes pâles qu'un souffle apporte
Le salon se trouve peuplé.

Les masques blafards se colorent
Comme au temps où je les connus.
Ô vous que mes regrets déplorent,
Amis, merci d'être venus !

Encore une autre fois décembre
Va retourner le sablier.
Le présent entre dans ma chambre
Et me dit en vain d'oublier.

(*Poésies complètes*, 1872)

PAUL ÉLUARD

1895-1952

JE NE PEUX RIEN FAIRE, JE NE PEUX RIEN VOIR

Quand on est vieux, il ne faut plus sortir.
Il faut rester dans la chambre avec le feu,
Avec de chauds vêtements et le jour adouci
Chaque soir par la nuit et la clarté des lampes.

Quand on est vieux, il ne faut plus lire.
Les mots sont mauvais et pour d'autres vies.
Il faut rester, les yeux perdus, l'air résigné
Dans un coin, sans bouger.

Quand on est vieux, il ne faut plus parler,
Il ne faut plus dormir... Il faut se souvenir
Que les autres pensent sans cesse :
« Quand on a tout vu, on est misérable ;
Et quand on est vieux c'est qu'on a tout vu ! »

(*Le Devoir et l'inquiétude*, 1917)

SULLY PRUDHOMME

1839-1907

LA VIEILLESSE

Viennent les ans ! J'aspire à cet âge sauveur
Où mon sang coulera plus sage dans mes veines,
Où, les plaisirs pour moi n'ayant plus de saveur,
Je vivrai doucement avec mes vieilles peines.

Quand l'amour, désormais affranchi du baiser,
Ne me brûlera plus de sa fièvre mauvaise
Et n'aura plus en moi d'avenir à briser,
Que je m'en donnerai de tendresse à mon aise !

Bienheureux les enfants venus sur mon chemin,
Je saurai transporter dans les buissons l'école ;
Heureux les jeunes gens dont je prendrai la main :
S'ils aiment, je saurai comment on les console.

Et je ne dirai pas : « C'était mieux de mon temps. »
Car le mieux d'autrefois, c'était notre jeunesse ;
Mais je m'approcherai des âmes de vingt ans
Pour qu'un peu de chaleur en mon âme renaisse ;

Pour vieillir sans déchoir, ne jamais oublier
Ce que j'aurai senti dans l'âge où le cœur vibre,
Le beau, l'honneur, le droit qui ne sait pas plier,
Et jusques au tombeau penser en homme libre ;

Et vous, oh ! quel poignard de ma poitrine ôté !
Femmes, quand du désir il n'y sera plus traces
Et qu'alors je pourrai ne voir dans la beauté
Que le dépôt en vous du moule pur des races.

Puissé-je ainsi m'asseoir au faîte de mes jours
Et contempler la vie, exempt enfin d'épreuves
Comme du haut des monts on voit les grands détours
Et les plis tourmentés des routes et des fleuves !

(*Les Solitudes*, 1869)

PAUL VERLAINE

1844-1896

DÉSORMAIS LE SAGE, PUNI

Un grand sommeil noir
Tombe sur ma vie :
Dormez, tout espoir,
Dormez, toute envie !

Je ne vois plus rien,
Je perds la mémoire
Du mal et du bien...
Ô la triste histoire !

Je suis un berceau
Qu'une main balance
Au creux d'un caveau :
Silence, silence !

(*Sagesse*, 1880)

FRANÇOIS FABIÉ

1846-1928

SAVOIR VIEILLIR

Vieillir, se l'avouer à soi-même et le dire,
Tout haut, non pas pour voir protester les amis,
Mais pour y conformer ses goûts et s'interdire
Ce que la veille encore on se croyait permis.

Avec sincérité, dès que l'aube se lève,
Se bien persuader qu'on est plus vieux d'un jour.
À chaque cheveu blanc se séparer d'un rêve
Et lui dire tout bas un adieu sans retour.

Aux appétits grossiers, imposer d'âpres jeûnes,
Et nourrir son esprit d'un solide savoir ;
Devenir bon, devenir doux, aimer les jeunes
Comme on aima les fleurs, comme on aima l'espoir.

Se résigner à vivre un peu sur le rivage,
Tandis qu'ils vogueront sur les flots hasardeux,
Craindre d'être importun, sans devenir sauvage,
Se laisser ignorer tout en restant près d'eux.

Vaquer sans bruit aux soins que tout départ réclame,
Prier et faire un peu de bien autour de soi,
Sans négliger son corps, parer surtout son âme,
Chauffant l'un aux tisons, l'autre à l'antique foi,
Puis un beau soir, discrètement, souffler la flamme
De sa lampe et mourir parce que c'est la loi.

(*Ronces et lierres,* 1910)

FRANÇOIS DE MAUCROIX

1619-1708

QUATRAIN FAIT À L'ÂGE DE PLUS DE 80 ANS

Chaque jour est un bien que du ciel je reçois.
Je jouis aujourd'hui de celui qu'il me donne,
Il n'appartient pas plus aux jeunes gens qu'à moi,
Et celui de demain n'appartient à personne.

(*Œuvres posthumes*, 1710)

PAUL-JEAN TOULET

1867-1920

VOICI QUE...

LIII

Voici que j'ai touché les confins de mon âge.
Tandis que mes désirs sèchent sous le ciel nu,
Le temps passe et m'emporte à l'abyme inconnu,
Comme un grand fleuve noir, où s'engourdit la nage.

LV

Tu as beau me parler de vieillesse, ah, que n'ai-je
Pareil déclin. Mais toi, dessous tes cheveux blancs,
On dirait, à ton cœur grave et tes gestes lents,
D'un roseau qui s'incline, où pèse un peu de neige.

LXXV

Vieillesse, lendemain d'amour, tristes ébats...
Sur les carreaux d'azur rampait la fleur du givre.
Un Arlequin caduc pleure. Est-il las de vivre ?
Va, nous dormirons tous. Mais les lits, c'est plus bas.

(*Les Contrerimes*, 1921)

ÉVARISTE BOULAY-PATY

1804-1864

VIEILLARD

En vain mon œil s'éteint, mes pas sont haletants,
En vain ma tempe est blanche, et ma taille affaissée,
En vain ma joue est creuse et ma voix est cassée,
En vain l'âge est venu : je ne crois pas au temps.

Je crois à ma durée, et non à ses instants ;
Ce qui détruit mon corps fait fleurir ma pensée ;
Un soleil luit sous l'ombre ; et quand l'onde est glacée,
La source est là toujours : je l'écoute et l'entends.

Je sens que je deviens jeune dans ma vieillesse,
Brûlant dans ma froideur et fort dans ma faiblesse,
Et que la maladie est pour moi la santé.

Je sens sous le vieil être exister une vie
Qui même par la mort ne peut m'être ravie ;
Et, mourant, je suis plein de mon éternité.

(*Poésies de la dernière saison,* 1865)

FRANÇOIS MAYNARD

1582-1646

SONNET

Mon Âme, il faut partir. Ma vigueur est passée,
Mon dernier jour est dessus l'horizon.
Tu crains ta liberté. Quoi ! n'es-tu pas lassée
D'avoir souffert soixante ans de prison ?

Tes désordres sont grands. Tes vertus sont petites,
Parmi tes maux on trouve peu de bien.
Mais si le bon Jésus te donne ses mérites,
Espère tout et n'appréhende rien.

Mon Âme, repens-toi d'avoir aimé le Monde,
Et de mes yeux fais la source d'une Onde
Qui touche de pitié le Monarque des Rois.

Que tu serais courageuse et ravie
Si j'avais soupiré durant toute ma vie
Dans le Désert sous l'ombre de la Croix !

(*Odes et poésies,* 1646)

PIERRE DE RONSARD

1524-1585

LES DERNIERS VERS DE P. DE RONSARD

STANCES

J'ai varié ma vie en dévidant la trame
Que Clotho me filait, entre malade et sain ;
Maintenant la santé je logeais en mon sein,
Tantôt la maladie, extrême fleau de l'âme.

La goutte jà vieillard me bourrela les veines,
Les muscles et les nerfs, exécrable douleur !
Montrant en cent façons, par cent diverses peines,
Que l'homme n'est sinon le sujet de malheur.

L'un meurt en son printemps, l'autre attend la vieillesse,
Le trépas est tout un, les accidents divers ;
Le vrai trésor de l'homme est la verte jeunesse,
Le reste de nos ans ne sont que des hivers.

Pour longtemps conserver telle richesse entière,
Ne force ta nature, ains ensuis la raison ;
Fuis l'amour et le vin, des vices la matière ;
Grand loyer t'en demeure en ta vieille saison.

La jeunesse des dieux aux hommes n'est donnée
Pour gaspiller sa fleur ; ainsi qu'on voit fanir
La rose par le chaud, ainsi, mal gouvernée,
La jeunesse s'enfuit sans jamais revenir.

I

Je n'ai plus que les os, un squelette je semble,
Décharné, dénervé, démusclé, dépulpé,
Que le trait de la mort sans pardon a frappé,
Je n'ose voir mes bras que de peur je ne tremble.

Apollon et son fils, deux grands maîtres ensemble,
Ne me sauraient guérir, leur métier m'a trompé ;
Adieu, plaisant soleil ! Mon œil est étoupé,
Mon corps s'en va descendre où tout se désassemble.

Quel ami, me voyant en ce point dépouillé,
Ne remporte au logis un œil triste et mouillé,
Me consolant au lit et me baisant la face,

En essuyant mes yeux par la mort endormis ?
Adieu, chers compagnons ! Adieu, mes chers amis !
Je m'en vais le premier vous préparer la place.

II

Méchantes nuits d'hiver, nuits filles de Cocyte,
Que la Terre engendra, d'Encelade les sœurs ;
Serpentes d'Alecton, et fureur des fureurs,
N'approchez de mon lit, ou bien tournez plus vite.

Que fait tant le soleil au giron d'Amphitrite ?
Lève-toi, je languis, accablé de douleurs,
Mais, ne pouvoir dormir, c'est bien de mes malheurs
Le plus grand, qui ma vie enchagrine et dépite.
Seize heures, pour le moins, je meurs, les yeux ouverts,
Me tournant, me virant, de droit et de travers,
Sur l'un, sur l'autre flanc ! Je tempête, je crie.

Inquiet, je ne puis en un lieu me tenir,
J'appelle en vain le jour, et la mort je supplie ;
Mais elle fait la sourde et ne veut pas venir.

III

Donne-moi tes présents en ces jours que la brume
Fait les plus courts de l'an, ou, de ton rameau teint
Dans le ruisseau d'oubli, dessus mon front espreint,
Endors mes pauvres yeux, mes gouttes et mon rhume.

Miséricorde, ô Dieu ! ô Dieu, ne me consume
À faute de dormir ! Plutôt sois-je contraint
De me voir par la peste ou par la fièvre éteint,
Qui mon sang desséché dans mes veines allume.

Heureux, cent fois heureux, animaux qui dormez
Demi an en vos trous, sous la terre enfermés,
Sans manger du pavot qui tous les sens assomme.

J'en ai mangé, j'ai bu de son jus oublieux,
En salade, cuit, cru, et toutefois le somme
Ne vient par sa froideur s'asseoir dessus mes yeux.

IV

Ah ! longues nuits d'hiver, de ma vie bourrelles,
Donnez-moi patience et me laissez dormir !
Votre nom seulement et suer et frémir
Me fait par tout le corps, tant vous m'êtes cruelles.

Le sommeil tant soit peu n'évente de ses ailes
Mes yeux toujours ouverts, et ne puis affermir
Paupière sur paupière, et ne fais que gémir,
Souffrant, comme Ixion, des peines éternelles.

Vieille ombre de la terre, ainçois ombre d'enfer,
Tu m'as ouvert les yeux d'une chaîne de fer,
Me consumant au lit, navré de mille pointes ;

Pour chasser mes douleurs amène-moi la mort ;
Ha, Mort ! le port commun, des hommes le confort,
Viens enterrer mes maux, je t'en prie à mains jointes.

V

Quoi, mon âme, dors-tu, engourdie en ta masse ?
La trompette a sonné, serre bagage, et va
Le chemin déserté que Jésus-Christ trouva,
Quand, tout mouillé de sang, racheta notre race.

C'est un chemin fâcheux, borné de peu d'espace,
Tracé de peu de gens, que la ronce pava,
Où le chardon poignant ses ronces éleva :
Prends courage pourtant, et ne quitte la place.

N'appose point la main à la mansine, après
Pour ficher ta charrue au milieu des guérets,
Retournant coup sur coup en arrière ta vue.

Il ne faut commencer, ou du tout s'employer ;
Il ne faut point mener, puis laisser la charrue :
Qui laisse son métier n'est digne de loyer.

VI

Il faut laisser maisons, et vergers, et jardins,
Vaisselles, et vaisseaux que l'artisan burine,
Et chanter son obsèque en la façon du cygne,
Qui chante son trépas sur les bords Méandrins.

C'est fait ! J'ai dévidé le cours de mes destins ;
J'ai vécu ; j'ai rendu mon nom assez insigne ;
Ma plume vole au ciel pour être quelque signe,
Loin des appas mondains qui trompent les plus fins.

Heureux qui ne fut onc ! plus heureux qui retourne
En rien, comme il était ! plus heureux qui séjourne,
D'homme fait nouvel ange, auprès de Jésus-Christ,

Laissant pourrir çà-bas sa dépouille de boue,
Dont le sort, la fortune et le destin se joue,
Franc des liens du corps pour n'être qu'un esprit.

(*Derniers Vers*, 1586)

VIII

LE GRAND PASSAGE

C'est le chapitre des poésies, avec quelques prières, consacrées à Dieu.

Puis à la mort et à l'au-delà.

JACQUES CHARPENTREAU

Né en 1928

LA CUISINIÈRE

Sais-tu bien que là-bas, où la lumière brille,
Une petite vieille assise au coin du feu,
Sur sa table penchée, dodelinant un peu,
Reste très attentive : elle trie des lentilles.

Sous ses bésicles d'or, ses yeux bleus s'écarquillent.
Elle scrute son tas d'un regard minutieux.
Elle prend dans ses doigts un petit grain douteux,
Et jette la lentille au grand feu qui grésille.

Ne sois pas étonné : cette vieille, c'est Dieu
Qui jette en son grand feu les univers trop vieux,
Les planètes ratées, les astres qui déclinent.

Elle hésite parfois : notre terre n'est rien
Qu'une infime lentille entre deux doigts que tient
Cette petite vieille au fond de sa cuisine.

(*Le Visage de l'ange*, 1995)

LOUISE DE VILMORIN

1902-1969

PRIÈRE

(fragments)

Tout m'est trop proche et trop lointain.
Mon cœur est mort, mon âme pleure.
Le temps ne m'apporte plus d'heure.
Mes battements se sont éteints
Sous un pas quittant ma demeure.

J'ai rendu le dernier soupir.
Seigneur, écoutez la prière
De celle qui voudrait dormir.
Baissez mes rouges paupières
Car j'ai grand sommeil de mourir.

(*L'Alphabet des aveux,* 1955)

RABINDRANATH TAGORE

1861-1941

JE CROYAIS QUE MON VOYAGE TOUCHAIT À SA FIN

Je croyais que mon voyage touchait à sa fin, ayant atteint l'extrême limite de mon pouvoir, – que le sentier devant moi s'arrêtait, que mes provisions étaient épuisées et que le temps était venu de prendre retraite dans une silencieuse obscurité.

Mais je découvre que ta volonté ne connaît pas de fin en moi. Et quand les vieilles paroles expirent sur la langue, de nouvelles mélodies jaillissent du cœur ; et là où les vieilles pistes sont perdues, une nouvelle contrée se découvre avec ses merveilles.

LE TEMPS EST INFINI

Le temps est infini dans tes mains, mon Seigneur. Nul n'est là pour compter tes minutes.

Les jours et les nuits passent, les âges s'épanouissent et puis se fanent comme des fleurs. Tu sais attendre.

Tes siècles se succèdent pour parfaire une frêle fleur des champs.

Nous autres, nous n'avons pas de temps à perdre, et parce que nous n'avons pas de temps, il nous faut nous démener pour nos chances. Nous sommes trop pauvres pour nous permettre d'être en retard.

Et c'est ainsi que le temps passe, tandis que je l'abandonne à tous les plaignants qui le revendiquent ; cependant ton autel reste vide d'offrandes et dégarni.

À la fin du jour je me hâte dans la crainte que les vantaux ne soient fermés ; puis je trouve que pourtant il est temps encore.

(*Gitanjali ou l'Offrande lyrique*, traduit par André GIDE, 1914)

JOËL SADELER

Né en 1938

PAUPIÈRES

Les paupières des grands-pères sont
des papillons de nuit
Elles déploient leurs ailes indulgentes
et fatiguées
Écailles de sang cerné de deuil
Vitraux veinés de vieilles solitudes
Feuilletés fourrés d'anciennes tendresses

Peuplées de pauvres prières
Elles battent encore à la lumière
Demi-clin d'œil à la vie
Dont elles ne veulent plus
rien dire

(*Croquis et Croque-vie,* 1986)

JULES DE RESSÉGUIER

1789-1862

NE NOUS PLAIGNONS PAS

Ce ne sont plus les jours des entreprises folles,
Où chaque obstacle était franchi d'un seul élan,
Où le cœur s'enivrait au doux miel des paroles,
Et se prenait aux nœuds d'un voile ou d'un ruban,
C'est l'heure où de la vie on comprend la chimère,
Où l'on sent qu'ici-bas tout n'est que vanité ;
Et ce dernier moment, ce moment éphémère,
Sera demain l'éternité.

On voit comme un présage une feuille qui tombe,
Un astre se voiler, une fleur se flétrir :
La nature, qui meurt, nous prépare à la tombe ;
On se sent jour à jour plus doucement mourir.
On a – quand du soir vient la brise salutaire, –
Les doux parfums avant le coucher du soleil,
Le tapis de gazon avant le lit de terre,
Le repos avant le sommeil.

Il est doux, – voyageur à la fin de sa course, –
Quand l'air lourd qu'on respire est un poids étouffant,
D'aller se rafraîchir à l'eau de cette source,
Où l'on s'est enivré lorsqu'on était enfant.
Et quand chaque bonheur loin de nous se retire,
Pour adoucir le choc de ce suprême adieu,
De porter ses regards vers le ciel, et de dire :
« Ayez pitié de moi, mon Dieu ! »

(*Dernières Poésies,* 1860)

JOSEPH FOLLIET

Contemporain

PRIÈRE POUR OBTENIR UNE BELLE VIEILLESSE

Seigneur, qui avez partagé la vie de l'homme en étapes et qui avez fait la vieillesse,
Ne permettez pas que je devienne un de ces vieux grognons, toujours en train de dénigrer, de rouspéter, de ronchonner, attristants pour eux-mêmes, insupportables aux autres.
Gardez-moi le sourire et le rire, même s'ils ouvrent une bouche édentée ou découvrent des dents artificielles.
Gardez-moi le sens de l'humour, qui remet les choses, les gens et moi-même à leur juste place ;
Qui nous permet de rire de nos propres maux et transforme nos peines en objets de bonnes plaisanteries.
Faites de moi, Seigneur, un vieillard souriant, qui, ne pouvant plus donner grand-chose à ses frères, leur donne du moins un peu de joie.
Seigneur, gardez-moi un cœur ouvert,
Une main toujours prête à serrer d'autres mains et à s'ouvrir pour le don ;
Qui partage ses quatre sous avec ceux qui n'en ont qu'un ;
Et les fleurs de son jardin avec ceux qui n'en ont pas,
Qui caresse au passage les chiens et les chats,
Qui sourit aux petits enfants,
Et émiette du pain aux moineaux dans les jardins publics.
Seigneur, qui avez fixé les saisons de la vie comme celles de l'année,
Faites que je sois un homme de toutes les saisons.
Je ne vous demande pas le bonheur en cette vie, car je sais que nulle saison ne l'apporte,
pas même le printemps.
Je vous demande simplement que mon arrière-saison soit belle,
Afin qu'elle porte témoignage de votre éternelle beauté.

(*Le Soleil du soir,* 1972)

JEAN ORIZET

Né en 1937

ASSIS SUR LEURS CHAISES...

Assis sur leurs chaises
devant les maisons,
les vieillards attendent la mort
en rêvant, sans trop y croire,
qu'elle aura le visage
d'une sirène au corps de jade.

Ils la salueront
en soulevant leur casquette,
avant de lui tendre une main noueuse.
Le soir, les enfants des vieillards
trouvent un peu de sable
sur les chaises vides.

(*Le Voyageur absent*, 1981)

SULLY PRUDHOMME

1839-1907

DERNIÈRE SOLITUDE

Dans cette mascarade immense des vivants
Nul ne parle à son gré ni ne marche à sa guise ;
Faite pour révéler, la parole déguise,
Et la face n'est plus qu'un masque aux traits savants.

Mais vient l'heure où le corps, infidèle ministre,
Ne prête plus son geste à l'âme éparse au loin,
Et, tombant tout à coup dans un repos sinistre,
Cesse d'être complice et demeure témoin.

Alors l'obscur essaim des arrière-pensées
Qu'avait su refouler la force du vouloir
Se lève et plane au front comme un nuage noir
Où gît le vrai motif des œuvres commencées.

Le cœur monte au visage, où les plis anxieux
Ne se confondent plus aux lignes du sourire ;
Le regard ne peut plus faire mentir les yeux,
Et ce qu'on n'a pas dit vient aux lèvres s'écrire.

C'est l'heure des aveux. Le cadavre ingénu
Garde du souffle absent une empreinte suprême,
Et l'homme, malgré lui redevenant lui-même,
Devient un étranger pour ceux qui l'ont connu.

Le rire des plus gais se détend et s'attriste,
Les plus graves parfois prennent des traits riants ;
Chacun meurt comme il est, sincère à l'improviste :
C'est la candeur des morts qui les rend effrayants.

(*Les Solitudes*, 1869)

MARIE NOËL

1883-1967

BERCEUSE POUR LE VIEIL HOMME

Vieil Homme, repose. Il fait lourd dans tes membres.
Tu penches la tête... Entends, ce soir, entends
L'heure aux yeux perdus désassurer la chambre
Où commence à chanceler le dernier Temps,
Où défaille à bout de flamme, la flambée..
Alentour toutes les feuilles sont tombées.
Repose... Mêlée à la lenteur du vent,
Je viens, je te bercerai comme un enfant.
    Puisqu'il faut dormir, homme las, Vieil Homme,
    Confie à mon chant le noir de ton somme.
Vieil Homme, j'entre à voix basse dans ta vie
Sans frapper. Je ne suis rien dans ta maison,
Ni ta sœur, ni ton épouse, ni ta mie,
Rien... Celle sans toi que les étoiles ont
Accordée à ton passage, ta prochaine
Dont ton heure est l'heure et ta peine, la peine.
Repose... Tous lieux s'éloignent... il est tard –
Ton âme a besoin de ton âme autre part...
    Il est temps. Partons ensemble, Vieil Homme,
    Où mon chant te mène, où me suit ton somme.

Vieil Homme, repose-toi de ton fier âge.
Roi des risques et des chances en danger –
Il est temps – repose-toi de ton courage,
De ton cœur toujours en armes et chargé
De salut partout où la Justice crie,
Où tremble une femme, où saigne une patrie.

Laisse à présent, laisse enfin se replier
Les ailes de tes victoires, Chevalier,
Et recouvre-t'en pour dormir, Vieil Homme,
Tandis qu'un haut chant s'élève en ton somme.

Vieil Homme, repose-toi de ta bataille,
Du gain pied à pied pour l'œuvre, pour le pain ;
Du voisin jaloux et fourbe qui travaille
Dans ton champ, la nuit, de la mauvaise main ;
Du dard de la langue et du fiel des pensées,
Du coup par derrière et des pierres lancées...
Du temps qui t'a nui, du mal que l'on t'a fait,
Repose... le temps ce soir signe la paix.
Plus douce avec toi, plus longue, Vieil Homme,
Que n'est long et doux ce chant sur ton somme.

Vieil Homme, repose-toi de ta richesse,
Du jet ébloui de tes forces, de l'or
Sans fin jaillissant de ta source en largesses,
Qui ni loi n'ont eu, ni mesure qu'encor !...
Ton flambeau s'éteint... Croise tes mains prodigues,
Sans les rappeler, sur ta sainte fatigue
Et repose, ô toi, du don plein que tu fis.
Plus battu sur l'aire et brisé que l'épi,
Sur son grain épars, laisse tout, Vieil Homme,
Ce qu'hier tu tins s'en aller en somme.

Vieil Homme, repose-toi de tes aimées,
De tes fleurs, celles du soir et du matin,
Belles tour à tour brûlantes et semées
Comme cendre au vent après les feux éteints.
Repose-toi, Cœur, de tes cœurs infidèles...
Celle qui t'aima le plus, ne crains rien d'elle,
Elle est loin d'amour, loin restée en t'aimant.
Tu n'entendras pas son amour en dormant
Tu n'entendras rien à peine, Vieil Homme,
L'ombre qui murmure autour de son somme.

Paix... Dors. J'ai fermé tous les yeux de tes fautes.
Le mal que fait l'homme à la femme sept fois,
Le mal que tu fis, en chantant, je te l'ôte.
La plainte portée au Juge contre toi,
Je l'efface. Dieu ne saura plus laquelle...
Celle qui pleura le plus, ne crains rien d'elle.
Souffertes les morts dont elle n'a rien dit,
C'est pour toi qu'elle a gagné le Paradis.
    C'est son Paradis en larmes, Vieil Homme,
    Qui coule, ce soir, coule sur ton somme.

Vieil Homme, repose-toi de ton mensonge...
Si tu fus erreur. – Ainsi, tous, aussi, moi. »
Ton pauvre péché de pauvre, je le plonge
Dans un chant d'eau pure où Dieu Lui-même boit
Repose. Nuit, jour, œuvre ardente, folie,
De ton pesant d'homme une aile te délie.
De la vie, ô magnifique plus que roi,
Plus défait qu'enfant trahi, repose-toi.
    Repose, il est temps... repose, Vieil Homme,
    Quitte biens et maux pour te perdre en somme.

Repose... Assez ont lutté de route en route.
Ton âme et ton corps liés ensemble, assez !
Assez !... N'ouvre plus à voix de ville... Écoute
Ce que nul n'entend. Homme, Dieu va passer.
Repose. Sois seul pour qu'à cette heure Il entre
En ton sein comme en silence dans le ventre
De ta mère, hier, au milieu de la nuit,
Il entra pour te donner souffle de Lui.
    Ton souffle – le Sien – rends-le-lui, Vieil Homme,
    Et le mien aidant qui conduit ton somme.

De plus loin que loin, Homme, je suis venue.
Si peut-être j'eus comme les autres ont
Un visage, un nom, je te suis inconnue.
Je viens... Je n'ai pas la clé de ta maison
Mais d'un lieu sans lieu, j'arrive, les mains pleines :

Dans l'ombre où si seul est le vent qui me mène,
J'ai, ce soir, au bout de mon pire chemin,
Trouvé la douceur divine de la fin
        Et je te l'apporte, homme las, Vieil Homme,
        Je viens... je répands ce baume en ton somme.

Je viens... Je n'ai plus ni jeune, ni vieil âge,
Je n'ai rien qui soit au monde. Je ne suis,
A jamais passée outre ma vaine image,
Rien que rien... le rien qu'est un ange, la nuit,
Quand il veille, rien... la moins femme des femmes,
Le plus cœur des cœurs, ta prochaine, ton âme,
Celle qui ne sait que toi-même, ne sait
Que, sienne, ton heure... Homme, Dieu va passer...
        Joins les mains. Mes mains sont jointes, Vieil Homme,
        A Dieu qui descend laisse aller ton somme.

(*Chants d'arrière-saison*, 1961)

LOUIS DAUBIER

Né en 1924

JUSQU'AUX CIMES HEUREUSES

Entendez-vous le temps passer
Entendez-vous l'arbre craquer
Entendez-vous le temps boiter
Entendez-vous l'âge frémir
Ô mes aimés

N'allons pas trop vite gémir
Sous les doigts de la gueuse

N'allons pas trop vieillir
Sous les yeux de la gueuse

L'étoile Bételgeuse
Nous hausse infiniment

Jusqu'aux cimes heureuses

(*Au seuil de l'exil*, 1992)

JEAN-JACQUES ROUSSEAU

1712-1778

LE VERGER DES CHARMETTES

C'est ainsi que mes jours s'écoulent sans alarmes.
Mes yeux sur mes malheurs ne versent point de larmes ;
Si des pleurs quelquefois altèrent mon repos,
C'est pour d'autres sujets que pour mes propres maux.
Vainement la douleur, les craintes, la misère,
Veulent décourager la fin de ma carrière ;
D'Épictète asservi la stoïque fierté
M'apprend à supporter les maux, la pauvreté ;
Je vois, sans m'affliger, la langueur qui m'accable ;
L'approche du trépas ne m'est point effroyable ;
Et le mal dont mon corps se sent presque abattu
N'est pour moi qu'un sujet d'affermir ma vertu.

(*Œuvres diverses*, 1756)

JEAN CUTTAT

1916-1993

TROISIÈME ÂGE

Je ris, je rime et suis heureux.
A défaut d'âme j'ai de l'âme
et du cœur de l'orteil aux yeux.

J'aime les soupers chaleureux
irrigués par des vins de flammes.
Oui, j'ai parfois mal aux cheveux

car les plaisirs sont dangereux,
mais, comme dit gaiement ma femme,
j'ai passé l'âge d'être vieux.

(*Le Baladin du troisième âge*, 1993)

JEAN-FRANÇOIS DUCIS

1733-1816

LE VIEILLARD HEUREUX

Dans un clos peuplé d'arbres verts,
Libre et caché sous des couverts,
Je goûte, dans un calme extrême,
Et la nature, et les beaux vers,
Et l'amitié, ce bien suprême.
Loin de moi portant ses transports,
Il a volé sur d'autres bords,
Le dieu charmant par qui l'on aime ;
Il ne m'a pas quitté de même,
Le dieu charmant qui nous endort.
La fleur soporative et chère
A secoué sur ma paupière
Un sommeil plus doux et plus fort :
En voyant venir la vieillesse,
J'ai pris pour mon maître en sagesse
De Minerve le grave oiseau,
Vivent en paix sur son rameau.
Sans bruit, à l'écart, et dans l'ombre,
Ermite aussi, pas aussi sombre,
Je vis en paix sous mon berceau,
Des humains fuyant le grand nombre,
Tout soin, tout bonheur, tout fardeau,
Sans bâtir projet ni château,
Sans jamais rêver la vengeance.
De l'injustice et de l'offense
L'oubli coule avec mon ruisseau.
Peu de besoins fait mon aisance ;
Je suis sans peine à leur niveau.

Presque assez, c'est mon opulence.
J'ai du vin vieux dans mon caveau,
Dans mon bosquet j'ai du silence.
La Parque m'offre ses ciseaux,
Et moi je laisse à ses fuseaux
Dévider ma seconde enfance ;
Et ces vers, venus dans mon clos ;
Je vais les dire, à peine éclos,
A mon vieil ami qui s'avance.

(*Œuvres de Ducis*, 1813)

MATHURIN RÉGNIER

1573-1613

ÉPITAPHE RÉGNIER

J'ai vécu sans nul pansement,
Me laissant aller doucement
A la bonne loi naturelle,
Et si m'étonne fort pourquoi
La mort daigna songer à moi,
Qui n'ai daigné penser à elle.

ÉCOUCHARD-LEBRUN

1729-1807

AVANTAGES DE LA VIEILLESSE

Que Minos jette dans son urne
Les noms des vulgaires mortels :
Muses ! vos fils bravent Saturne
A l'ombre de vos saints autels.
En vain s'échappe la jeunesse ;
Mon âme trompe la vieillesse ;
Ma pensée est à son printemps :
Sa fleur ne peut m'être ravie
Et, même en exhalant ma vie,
Je ne meurs pas ; je sors du temps !

Ou tel des grappes colorées
Le feu liquide et pétillant
Vieillir, loin des coupes dorées,
Au sein pur d'un cristal brillant ;
Loin que son âge le consume,
Riche du temps qui le parfume,
Il devient ce jus précieux,
Cette liqueur à qui tout cède,
Même celle dont Ganimède
Couronnait la coupe des dieux.

(*Œuvres,* 1811)

ARTHUR HAULOT

Né en 1913

Ô VIEILLESSE

et pour quelle pudeur
et pour quelle sottise
hésiter aujourd'hui à parler du temps fui ?
je n'ai nulle amertume je n'ai nulle inquiétude
devant ces bornes noires tout au long du chemin
le temps m'était compté dès ma plus tendre enfance
et chaque nouveau pas est un pas triomphant
j'ai reculé encore la date fatidique
gagné un an de plus sur la fin de ce cœur
sur le battement sourd de l'angoisse de vivre
et celle de mourir
j'ai bien vécu mon temps pas la moindre parcelle
n'est passée aux déchets
chaque fleur au printemps
chaque neige d'hiver
chaque enthousiasme neuf
chaque peine subie
chaque instant de bonheur
chaque instance d'effroi
j'ai vécu ma vie d'homme intense et vigoureuse
je n'en regrette rien
que la vie à venir.

(Inédit, 14 décembre 1993)

JEAN DE LA FONTAINE

1621-1695

LA MORT ET LE BÛCHERON

Un malheureux appelait tous les jours
La Mort à son secours.
« Ô Mort, lui disait-il, que tu me sembles belle !
Viens vite, viens finir ma fortune cruelle. »
La Mort crut en venant l'obliger en effet.
Elle frappe à sa porte, elle entre, elle se montre.
« Que vois-je ? cria-t-il, ôtez-moi cet objet ;
Qu'il est hideux ! que sa rencontre
Me cause d'horreur et d'effroi !
N'approche pas, ô Mort ; ô Mort, retire-toi. »
Mécénas fut un galant homme :
Il a dit quelque part : « Qu'on me rende impotent,
Cul-de-jatte, goutteux, manchot, pourvu qu'en somme
Je vive, c'est assez, je suis plus que content. »
Ne viens jamais, ô Mort, on t'en dit tout autant.

(*Fables,* Livre I, 16, 1668)

SAINT-JOHN PERSE

1887-1975

GRAND ÂGE NOUS VOICI

«... Grand âge, nous voici – et nos pas d'hommes vers l'issue. C'est assez d'engranger, il est temps d'éventer et d'honorer notre aire.

« Demain, les grands orages maraudeurs, et l'éclair au travail... Le caducée du ciel descend marquer la terre de son chiffre. L'alliance est fondée.

« Ah ! qu'une élite aussi se lève, de très grands arbres sur la terre, comme tribu de grandes âmes et qui nous tiennent en leur conseil.. Et la sévérité du soir descende, avec l'aveu de sa douceur, sur les chemins de pierre brûlante éclairés de lavande...

« Frémissement alors, à la plus haute tige engluée d'ambre, de la plus haute feuille mi-déliée sur son onglet d'ivoire.

« Et nos actes s'éloignent dans leurs vergers d'éclairs...

« À d'autres d'édifier, parmi les schistes et les laves. À d'autres de lever les marbres à la ville.

« Pour nous chante déjà plus hautaine aventure. Route frayée de main nouvelle, et feux portés de cime en cime...

« Et ce ne sont point là chansons de toile pour gynécée, ni chansons de veillées, dites chansons de Reine de Hongrie, pour égrener le maïs rouge au fil rouillé des vieilles rapières de famille,

« Mais chant plus grave, et d'autre glaive, comme chant d'honneur et de grand âge, et chant du Maître, seul au soir, à se frayer sa route devant l'âtre

« – fierté de l'âme devant l'âme et fierté d'âme grandissante dans l'épée grande et bleue.

« Et nos pensées déjà se lèvent dans la nuit comme les hommes de grande tente, avant le jour, qui marchent au ciel rouge portant leur selle sur l'épaule gauche.

« Voici les lieux que nous laissons. Les fruits du sol sont sous nos murs, les eaux du ciel dans nos citernes, et les grandes meules de porphyre reposent sur le sable.

« L'offrande, ô nuit, où la porter ? et la louange, la fier ?... Nous élevons à bout de bras, sur le plat de nos mains, comme couvée d'ailes naissantes, ce cœur enténébré de l'homme où fut l'avide, et fut l'ardent, et tant d'amour irrévélé...

« Écoute, ô nuit, dans les préaux déserts et sous les arches solitaires, parmi les ruines saintes et l'émiettement des vieilles termitières, le grand pas souverain de l'âme sans tanière,

« Comme aux dalles de bronze où rôderait un fauve.

*

« Grand âge, nous voici. Prenez mesure du cœur d'homme. »

(*Œuvre poétique*, 1960)

JEAN-BAPTISTE CHASSIGNET

1571-1635

LE MÉPRIS DE LA VIE ET CONSOLATION CONTRE LA MORT

La vie est du futur un souhait agréable,
Et regret du passé, un désir indompté
De goûter et tâter ce qu'on n'a pas goûté ;
De ce qu'on a goûté, un dégoût incurable :

Un vain ressouvenir de l'état désirable
Des siècles jà passés, du futur souhaité,
Un espoir incertain, frivolement jeté
Sur le vain fondement d'une attente muable.

Une horreur de soi-même, un souhait de sa mort,
Un mépris de sa vie, un gouffre de remords,
Un magasin de pleurs, une mer de tempête :

Où plus nous approchons du rivage lointain,
Plus nous nous regrettons et lamentons en vain
Que le vent ait si tôt notre course parfaite.

[...]

(*Le Mépris de la vie et consolation contre la mort,* 1594)

JEAN-FRANÇOIS DUCIS

1733-1816

STANCES

Écrites par Ducis peu de jours avant sa mort

Heureuse solitude,
Seule béatitude,
Que votre charme est doux !
De tous les biens du monde,
Dans ma grotte profonde,
Je ne veux plus que vous !

Qu'un vaste empire tombe,
Qu'est-ce au loin pour ma tombe
Qu'un vain bruit qui se perd ;
Et les rois qui s'assemblent,
Et leurs sceptres qui tremblent,
Que les joncs du désert ?

Mon Dieu ! la croix que j'aime,
En mourant à moi-même,
Me fait vivre pour toi.
Ta force est ma puissance,
Ta grâce ma défense,
Ta volonté ma loi.

Déchu de l'innocence,
Mais par la pénitence
Encor cher à tes yeux,
Triomphant par tes armes,
Baptisé par tes larmes,
J'ai reconquis les cieux.

Souffrant octogénaire,
Le jour pour ma paupière
N'est qu'un brouillard confus.
Dans l'ombre de mon être,
Je cherche à reconnaître
Ce qu'autrefois je fus.

Ô mon père ! ô mon guide !
Dans cette Thébaïde
Toi qui fixas mes pas,
Voici ma dernière heure ;
Fais, mon Dieu, que je meure
Couvert de ton trépas !

Paul, ton premier ermite,
Dans ton sein qu'il habite,
Exhala ses cent ans.
Je suis prêt ; frappe, immole.
Et qu'enfin je m'envole
Au séjour des vivants.

(*Les Poésies de J. F. Ducis*, 1813)

PHILIPPE JACCOTTET

Né en 1925

SOIS TRANQUILLE, CELA VIENDRA...

Sois tranquille, cela viendra ! Tu te rapproches,
tu brûles ! Car le mot qui sera à la fin
du poème, plus que le premier sera proche
de ta mort, qui ne s'arrête pas en chemin.

Ne crois pas qu'elle aille s'endormir sous des branches
ou reprendre souffle pendant que tu écris.
Même quand tu bois à la bouche qui étanche
la pire soif, la douce bouche avec ses cris

doux, même quand tu serres avec force le nœud
de vos quatre bras pour être bien immobiles
dans la brûlante obscurité de vos cheveux,

elle vient, Dieu sait par quels détours, vers vous deux,
de très loin ou déjà tout près, mais sois tranquille,
elle vient : d'un à l'autre mot tu es plus vieux.

(*L'Effraie et autres poésies,* 1954)

IX

CENT ANS ET PLUS

Ce dernier chapitre renferme un ensemble de poèmes qui parlent des centenaires ou, mieux encore, qui ont été écrits par des centenaires (ou presque).

NADIA NILUS

Née en 1892

BONJOUR, VIEILLESSE

Bonjour, vieillesse !
    Te revoilà !
Tu es déjà venue une fois !
C'était la fin de ma jeunesse,
    La perte des rêves
    D'espoir, d'amour !
C'était comme un ballon qui crève,
    Laissant un vide autour.
De cette époque, j'ai surnagé.
Mes amitiés restaient fidèles ;
J'étais gâtée, flattée ; j'ai voyagé !
Comme j'étais le vrai modèle
D'une femme âgée très élégante,
Souvent utile ou amusante,
    Tu attendais avec patience,
    Perfide et forte de ta puissance,
    Pour revenir et me frapper
    En détruisant toute ma santé !!!
Alors envoie-moi vite ta sœur,
La Mort, avec sa faux
Pour arrêter mon cœur
Et mettre fin à tous mes maux.
    Vieillesse, si tu savais
    Comment je peux te détester !

(*Inédit*, 1994)

MAX ELSKAMP

1862-1931

ICI, C'EST UN VIEIL HOMME DE CENT ANS

Ici, c'est un vieil homme de cent ans
qui dit, selon la chair, Flandre et le sang :
souvenez-vous-en, souvenez-vous-en,
en ouvrant son cœur de ses doigts tremblants

pour montrer à tous sa vie comme un livre,
et, dans sa joie comme en des oraisons,
tout un genre humain occupé à vivre
en ses villes pies d'hommes et d'enfants.

Or à tous ici, ses pleurs et ses fêtes,
et, suivant le ciel peint à ses couleurs,
voici sa maison, ses fruits et ses fleurs,
en ses horizons d'hommes et de bêtes :

et lors ses heures d'hiver et printemps
venues en musique ainsi qu'en prières,
sous des Christs en croix, des saints, des calvaires,
puis sa foi aussi bonne en tous les temps,

pour la paix de sa vie trop à l'attache,
dans les jours, les mois, des quatre saisons,
et le réconfort de ses mains qui tâchent
ici de leur mieux et très simplement.

(*Enluminures*, 1920)

BERNARD LE BOVIER DE FONTENELLE

1657-1757

SUR MA VIEILLESSE

Il fallait n'être vieux qu'à Sparte
Disent les anciens écrits.
Ô dieux ! combien je m'en écarte,
Moi qui suis si vieux dans Paris !
Ô Sparte ! Sparte, hélas, qu'êtes-vous devenue ?
Vous saviez tout le prix d'une tête chenue.
Plus dans la canicule on était bien fourré,
Plus l'oreille était dure, et l'œil mal éclairé,
Plus on déraisonnait dans sa triste famille,
Plus on épiloguait sur la moindre vétille,
Plus contre tout son siècle on était déclaré,
Plus on était chagrin, et misanthrope outré,
Plus on avait de goutte, ou d'autre béquille,
Plus on avait perdu de dents de leur bon gré,
Plus on marchait courbé sur sa grosse béquille,
Plus on était enfin digne d'être enterré,
Et plus dans vos remparts on était honoré.
Ô Sparte ! Sparte, hélas ! qu'êtes-vous devenue ?
Vous saviez tout le prix d'une tête chenue.

(*Œuvres complètes,* 1766)

VOLTAIRE

1694-1778

Nos grands-pères vous virent belle
Par votre esprit vous plaisez à cent ans
Vous méritiez d'épouser Fontenelle
Et d'être sa veuve longtemps.

ABBÉ JACQUES DELILLE

1738-1813

Fontenelle toujours craignant quelque surprise
Aux passions sur lui ne donne point de prise
Soigne attentivement son timide bonheur
Même dans l'amitié met en garde son cœur.
Ami des vérités, par crainte les enchaîne
Et s'abstient du plaisir pour éviter la peine.

EUGÈNE BIZEAU

1883-1988

SOLILOQUE DU QUATRIÈME ÂGE

Je perds en vieillissant la joie et l'euphorie,
Mais n'ouvre pas mon cœur au pessimisme amer...
Et ne veux pas verser des larmes attendries
Sur le départ cruel de mes bonheurs d'hier.

Sans oublier jamais les peines mal guéries
Et les gémissements de l'âme et de la chair,
Je veux rester debout sous l'orage en furie
Qui jettera sur nous sa foudre et ses éclairs...

Je veux rester debout jusqu'à la fin du livre,
Du livre où sont comptés les jours que je dois vivre
Avant d'être en un lieu d'où nul ne peut sortir...

Et, le moment venu, ma volonté dernière
Est de partir sans bruit, sans plainte et sans prière,
Et de ne déranger personne pour mourir.

(*Les Grappillons d'arrière-saison*, 1982)

ÉMILE VERHAEREN

1855-1916

LA VIEILLE

(fragments)

La vieille au mantelet de cotonnade,
Un bandeau noir sous le menton,
Les mains serrant un court bâton,
Béquille aux champs sa promenade.

Âme d'entêtement et de mélancolie,
Qui se penche vers des secrets perdus,
Et se mire dans les miroirs tendus
Des vieilles choses abolies.
Âme de soir fumeux ou de matin brumal,
Âme d'amour sournois ou de haine finaude
Qui s'en allant au bien, qui s'en allant au mal,
Y va toujours comme en maraude.

Et la vieille point ne mourra.
Soit une sœur, soit une fille,
Avec la même mante et la même béquille,
Sur les mêmes chemins continuera son pas ;
Une autre voix dira
Le mot de celle qui s'est tue,
Car les vieilles de cent ans
De bourg en bourg, à travers temps,
A l'infini, se perpétuent.

(*Les Villages illusoires*, 1895)

ÉPILOGUE

Homo sum,
Humani nihil a me
alienum puto[1].
TÉRENCE

L'avancée en âge est souvent le corollaire de la solitude ou de l'isolement. J'espère que ce recueil deviendra, pour beaucoup, un compagnon de voyage et un réconfort devant l'appréhension de vieillir. La parole soulage l'inconscient et partager notre expérience la rend plus humaine. Que ce soit aussi une occasion de parler de vieillesse dans notre vie et de parler de vie dans notre vieillesse.

Je remercie Bernard Lorraine, grand pourvoyeur et chasseur de poèmes, poète lui-même, qui m'a comblé de ses découvertes et trouvailles.

Je remercie tous les amis qui m'ont signalé, à l'occasion, un texte (même si je ne l'ai pas toujours retenu).

Je tiens également à exprimer ma gratitude au personnel de la Bibliothèque Nationale qui m'a permis de retrouver certains textes anciens.

En guise d'envoi de clôture, voici un dernier poème, une ballade de Raymond QUENEAU, à l'issue de ce recueil, qui rassemble plusieurs des thèmes et résume bien l'ensemble !

1. Extrait de *Héautontimoroumenos* : « Je suis homme et je pense que rien d'humain ne m'est étranger. »

RAYMOND QUÉNEAU

1903-1976

BALLADE EN PROVERBES DU VIEUX TEMPS

Il faut de tout pour faire un monde
Il faut des vieillards tremblotants
Il faut des milliards de secondes
Il faut chaque chose en son temps
En mars il y a le printemps
Il est un mois où l'on moissonne
Il est un jour au bout de l'an
L'Hiver arrive après l'automne

La pierre qui roule est sans mousse
Béliers tondus gèlent au vent
Entre les pavés l'herbe pousse
Que voilà de désagréments
Chaque arbre vêt son linceul blanc
Le soleil se traîne tout zone
C'est la neige après le beau temps
L'Hiver arrive après l'automne

Quand on est vieux on n'est plus jeune
On finit par perdre ses dents
Après avoir mangé on jeûne
Personne n'est jamais content
On regrette ses jouets d'enfant
On râle après le téléphone
On pleure comme un caïman
L'Hiver arrive après l'automne

Envoi

Prince ! tout ça c'est ton chiendent
C'est encore pis si tu raisonnes
La mort t'as toujours au tournant
L'Hiver arrive après l'automne.

(*L'Instant fatal*, 1948)

INDEX ALPHABÉTIQUE

TABLE

III. LES ANCIENS

IV. Amours

V. Les âges et les générations

VI. MISÈRES DE L'ÂGE

VII. LE BIEN VIEILLIR

VIII. LE GRAND PASSAGE

IX. CENT ANS ET PLUS

REMERCIEMENTS

Nous remercions Messieurs les auteurs, les ayants-droit et éditeurs qui nous ont autorisés à reproduire les textes ou fragments de textes dont ils conservent l'entier copyright.

LES AUTEURS ET AYANTS-DROIT

Marcel BÉGUEY, pour « Voici bientôt venir les jours », extrait de *Le Collier d'Antigone* (éditions Arcam, 1988).

Nicolas BERNARD et sa famille, pour « Réponse de Marquise à Corneille », de Tristan Bernard.

Gérard BOCHOLIER, pour « Mon vieux tilleul », inédit 1994.

Héritiers de Roger BODART, pour « La vie est quotidienne », extrait de *Tapisserie de Pénélope* (éditions Georges Houyoux, Bruxelles, 1945).

Héritiers d'Eugène BIZEAU, pour « Soliloque du quatrième âge », extrait de *Les Grapillons d'arrière-saison*, 1982.

Jacques CHARPENTREAU, pour « La Cuisinière », extrait de *Le Visage de l'ange* (la Maison de Poésie, 1995) et pour « Ne pas se fier aux apparences », extrait de *Images* (Le Petit Véhicule, 1989).

Claudine CHONEZ, pour « Demain ultime », « Un défi » et « Arrière-saison », poèmes inédits.

CLOD'ARIA, pour « Depuis soixante-seize ans », inédit, 1992.

Jean-Pierre COLLET, pour « Vieillir », extrait de *Le Chant du naïf* (éditions Court-Lettrages).

Arthur HAULOT, pour « Ô vieillesse », inédit, 1993.

Jean L'ANSELME, pour « Décrépitude », inédit, 1993.

Héritiers de Léo LARGUIER, pour « Ni dépit, ni regrets », extrait de *Mes vingt ans et moi*, 1944.

MAXIMINE, pour la chanson inédite « Le temps s'en va, madame », 1995.

Jean METELLUS, pour « Complainte du vieillard », inédit 1995.

Héritiers de Robert MÉLOT DU DY, pour « Paroles sages pour ma fête », extrait de *L'Idole portative* (Cahiers indépendants, Bruxelles, 1919).

Héritiers de Pierre MENANTEAU, pour « Le vieux et son chien », extrait de *Florilège* (L'Amitié par le Livre, 1959).

Nadia NILUS, pour « Bonjour, vieillesse », inédit, 1994.

Madame Marianne OLIVIERI-RAMUZ, pour « La vieille » de Charles-Ferdinand Ramuz, extrait de *Poésies* (aux éditions de l'Aire, Lausanne, 1993).

Andrée SODENKAMP, pour « Ne t'en va pas de moi », extrait de *Femmes des longs matins* (André de Rache, 1965) et « Novembre », extrait de *C'est au feu que je pardonne* (André de Rache, 1984).

Lucy TORREKENS, pour « Vieillir », poème inédit, 1994.

Héritiers de Gilbert TROLLIET, pour « Le vieux », extrait de *Prends garde au jour* (éditions Présence, Genève, 1962).

Liliane WOUTERS, pour « La quarantaine, extrait de *L'Aloès* (éditions Luneau-Ascot, 1983).

LES ÉDITEURS

L'ÂGE D'HOMME © réservé pour :

SCHMITZ André, « Le vieux broyeur de mots », extrait de *Les Prodiges ordinaires*, 1991.

ALBIN MICHEL © réservé pour :

LARGUIER Léo, « Tout s'éloigne », extrait de *Les Ombres* (Firmin-Didot, 1934).

PRODUCTIONS MUSICALES ALLELUIA GÉRARD MEYS © réservé pour :

BREL Jacques, « Vieille », 1963.

CHRISTIAN DE BARTILLAT-STOCK ÉDITEUR © réservé pour :

NOËL Marie, « Berceuse pour le vieil homme », extrait de *Chants d'arrière-saison*, 1961.

BELFOND © réservé pour :

DOBZYNSKI Charles, « Sanctus », extrait de *La Vie est un orchestre,* 1992.

CHRISTIAN BOURGOIS © réservé pour :

VIAN Boris, « À mon lapin », *Cent Sonnets,* 1984.

ÉDITIONS MUSICALES CANETTI-POLYDOR © réservé pour :

SABOURAUD Brigitte, « Ronsard/Quand vous serez bien vieille », extrait de *Vanitas vanitatum*, disque, 1968.

CARACTÈRES © réservé pour :

LAUGIER Jean, « Urbi et orbi », extrait de *Dans la main du monde,* 1994.

FONDATION MAURICE CARÊME © réservé pour :

CARÊME Maurice, « Les années neigent sur ma tête », extrait de *Images perdues*, 1954 et « Le vieux curé », extrait de *Brabant,* 1967.

LE CHERCHE MIDI ÉDITEUR © réservé pour :

SCHNEIDER Joseph Paul, « Ma mère », extrait de *En cette steppe*, 1992.

ÉDITIONS FLEURUS-MAME © réservé pour :

FOLLIET Joseph, « Prière pour obtenir une belle vieillesse », extrait de *Le Soleil du soir,* 1972.

LES ÉDITIONS OUVRIÈRES © réservé pour :

MOREAU Jean-Luc, « La guenon et les lunettes », extrait de *L'Arbre perché*, 1980.

FLAMMARION © réservé pour :

VIVIER Robert, « Le fond de tout », extrait de *S'étonner d'être*, 1977.

ÉDITIONS GALLIMARD © réservé pour :

APOLLINAIRE Guillaume, « Le pont Mirabeau », extrait de *Alcools*, 1913, repris dans *Œuvres poétiques,* La Pléiade, 1965.

ARAGON Louis, « Le cri du butor », IV, extrait de *Le Nouveau Crève-cœur,* 1948 ; « Le vieil homme : Moi qui n'ai jamais pu me faire à mon visage » et « La beauté du diable », tous extraits de *Le Roman inachevé*, 1956.

BOSQUET Alain, « Toi, qu'as-tu fait de ton enfance ? », extrait de *Bourreaux et acrobates*, 1989.

COCTEAU Jean, « Le poète de trente ans », extrait de *Poésie 1916-1923,* 1925.

DESNOS Robert, « Demain », extrait de *Destinée arbitraire*, 1975 et « Miroute », extrait de *Fortunes*, Poésie-Gallimard, 1969.

DONNAY Maurice, « Les vieux messieurs », extrait de *L'Esprit de Maurice Donnay*, 1926.

ÉLUARD Paul, « Je ne peux rien faire, je ne peux rien voir », extrait de *Le Devoir et l'inquiétude*, 1968.

FAUX Claude, « Aïeule » et « Grand-père », extraits de *Le Temps compté,* 1966.

FOMBEURE Maurice, « Le : j'ai la goutte », extrait de *Pendant que vous dormez,* 1953.

FRÉDÉRIQUE André, « À la gloire des vieilles personnes », extrait de *Histoires blanches*, 1945.

JACCOTTET Philippe, « Sois tranquille, cela viendra », extrait de *L'Effraie et autres poésies*, 1954.

MICHAUX Henri, « Vieillesse », extrait de *Lointain Intérieur,* 1938.

MORAND Paul, « Tête de troupeau », extrait de *Poèmes,* 1973.

NORGE Géo, « Sans parler des pharaons », extrait de *Les Coq-à-l'âne,* 1985.

PRÉVERT Jacques, « L'enfance », extrait de *Histoire et d'autres histoires,* La Pléiade.

QUENEAU Raymond, « Ballade en proverbes du vieux temps », extrait de *Les Temps mêlés.*

ROY Claude, « Old age », extrait de *Les Pas du silence*, 1993.

SAINT-JOHN PERSE, « Grand âge, nous voici », extrait de l'*Œuvre poétique,* La Pléiade, 1953.

TAGORE Rabindranath, « Je croyais que mon voyage touchait à sa fin », (37) et « Le temps est infini », (82) traduction d'André GIDE, extraits de *Gitanjali ou l'Offrande lyrique*, 1914, réédition 1963, 1971.

THOMAS Henri, « Passons aux choses sérieuses », extrait de *Joueur surpris*, 1982.

VILMORIN Louise de, « Prière », fragment de dix vers, extrait de *L'Alphabet des aveux*, 1955.

GRASSET © réservé pour :

LE QUINTREC Charles, « Ma mère », extrait de *Les Noces de la terre,* 1957.

AU CHERCHE MIDI ÉDITEUR
DANS LA MÊME COLLECTION

Les poètes de la Grande Guerre, choisis par Jacques Béal.
Les cent plus beaux poèmes du monde, choisis par Alain Bosquet.
Anthologie de la poésie française contemporaine, Les trente dernières années, poèmes choisis par Alain Bosquet.
La mort et ses poètes, poèmes choisis par André Chabot.
Chagrins d'amour, Poèmes de l'amour triste, choisis par Luc Decaunes.
Poèmes de femmes, des origines à nos jours, choisis par Régine Deforges.
De la poésie comme exercice spirituel, réédition intégrale du numéro célèbre de la revue « Fontaine », dirigée par Max-Pol Fouchet.
Cent poètes côté jardin, choisis par Daniel Gélin.
Les plus beaux poèmes romantiques, choisis par Philippe Héraclès.
Poèmes d'Afrique pour les enfants, choisis par Amadou Lamine Sall.
Les plus beaux poèmes sur la mer, choisis par Yves La Prairie.
La Rose, poèmes choisis par Marie Letourneur.
Les transports poétiques, poèmes choisis par Bernard Lorraine.
Cent poèmes pour l'écologie, choisis par René Maltête.
Cent poèmes pour la paix, choisis par René Maltête.
Les cent plus beaux chants de la terre, choisis par Claude Michelet.
Cent poèmes contre la misère, choisis pour l'Abbé Pierre.
Le ciel et ses poètes, poèmes choisis par Edmond Petit, préface de Jules Roy.
Les cent plus beaux poèmes de la langue française, choisis par Jean Orizet.
Les plus beaux poèmes pour les enfants, choix de Jean Orizet.
Les plus beaux poèmes du voyage, choisis par Gilbert Trigano.
Cent poèmes pour la liberté, en collaboration avec Amnesty International, choisis par Ahmed ben Othman et Jean-Pierre Darmon.
Cent poèmes contre le racisme, en collaboration avec la Ligue des droits de l'homme, choisis par Claire Etcherelli, Gilles Manceron, Bernard Wallon, préface de Elie Wiesel.
Les plus beaux poèmes d'amour, choisis par André Giovanni.
Les plus beaux poèmes du bonheur, choisis par André Giovanni.
Les plus beaux poèmes sur la femme, choisis par André Giovanni.
Les cent plus beaux textes sur le vin, choisis par Louis et Jean Orizet.
Célébration du cheval, textes et poèmes choisis par Jean-Louis Gouraud.

[illegible]

[illegible] choisis par [illegible] Guérin.

[illegible]

Imprimé en France par la Société Nouvelle Firmin-Didot
Dépôt légal : décembre 1995
N° d'édition : 415 - N° d'impression : 32991
ISBN : 2-86274-415-8

Dépôt légal : Novembre 1986
ISBN 2-86274-415-5